Taylor
A História de Taylor Swift

Jill Parker

Taylor
A História de
Taylor Swift

Tradução:
Bianca Rocha

MADRAS®

Publicado originalmente em inglês sob o título *Tay-The Taylor Swift History*, por Sole Books
© 2015, Sole Books
Direitos de edição e tradução para o Brasil.
© 2016, Madras Editora Ltda.

Editor:
Wagner Veneziani Costa

Produção e Capa:
Equipe Técnica Madras

Tradução:
Bianca Rocha

Revisão:
Arlete Genari
Jerônimo Feitosa

Dados Internacionais de Catalogação na Publicação (CIP)
(Câmara Brasileira do Livro, SP, Brasil)

Parker, Jill
Tay : a história de Taylor Swift / Jill Parker ; tradução Bianca Rocha. -- São Paulo : Madras, 2016.
Título original: Tay : the Taylor Swift story.
ISBN 978-85-370-0993-2

1. Cantoras - Estados Unidos - Biografia
2. Swift, Taylor I. Título.

16-00855 CDD-782.42166092

Índices para catálogo sistemático:
1. Cantoras norte-americanas : Biografia
782.42166092

É proibida a reprodução total ou parcial desta obra, de qualquer forma ou por qualquer meio eletrônico, mecânico, inclusive por meio de processos xerográficos, incluindo ainda o uso da internet, sem a permissão expressa da Madras Editora, na pessoa de seu editor (Lei nº 9.610, de 19/2/1998).

Todos os direitos desta edição, em língua portuguesa, reservados pela

MADRAS EDITORA LTDA.
Rua Paulo Gonçalves, 88 – Santana
CEP: 02403-020 – São Paulo/SP
Caixa Postal: 12183 – CEP: 02013-970
Tel.: (11) 2281-5555 – Fax: (11) 2959-3090
www.madras.com.br

Para Mikaela Long, artista do Vine e verdadeira fã de Taylor Swift.

1

"Um dia eu vou cantar aí", disse Taylor olhando pela janela lateral do Jeep Wagoneer da família Swift enquanto passavam pelo Bluebird Café.

"Mas é um bar", disse Andrea Swift, mãe de Taylor, dirigindo.

"E daí? LeAnn Rimes cantou nesse lugar. Se é bom para ela, então também é bom para mim."

"Está bem, Tay", disse Andrea, continuando a dirigir.

Taylor olhava pela janela enquanto sua mãe passava devagar pelo Music Row em Nashville, Tennessee. Elas procuravam gravadoras que Taylor conhecia. Ela estava sentada ao lado de sua mãe no banco da frente, enquanto seu irmão mais novo, Austin, ficou com todo o banco de trás. Taylor levava uma caixa com CDs demo com sua foto e as palavras "ME LIGUE" escritas com destaque embaixo do retrato tirado por seu vizinho na fazenda de cultivo de árvores de Natal da família. Na capa do álbum, ela estava vestida como uma cantora country, com blusa, saia e botas de cowboy. Na foto, seu cabelo longo, rebelde e loiro-platinado esvoaçava na frente do rosto com o vento, assim como acontecia agora no carro.

O Music Row, na Commerce Street, no centro de Nashville, era o local onde todas as gravadoras iniciaram os seus negócios. A família já tinha parado em 19 gravadoras, e Taylor tinha deixado pessoalmente uma demo em cada estabelecimento. Infelizmente, foram 19 gravadoras e 19 recusas. No entanto, isso não a desencorajou. Doía por dentro, mas ela não demonstrava e não iria desistir. Ela não tinha esperado quase 12 anos de sua vida para abandonar seus sonhos apenas porque algumas gravadoras não enxergavam o que ela via.

Então, ela avistou algo e gritou.

Andrea, apavorada com o grito da filha, pisou com força no freio e o carro derrapou antes de parar no meio do trânsito.

As pessoas buzinaram.

"Taylor, você me deixou muito assustada!", disse Andrea.

"Olhe!", comentou Taylor apontando para o prédio da UMG, com a MCA e a Mercury Records.

Esse era o selo musical de Reba McEntire e George Strait. Andrea suspirou. "Eu acho que encontramos a vigésima gravadora." Ela rapidamente estacionou o Jeep ao lado do prédio.

Taylor desafivelou o cinto de segurança. Ela pegou um CD que estava na caixinha em uma pilha no console central. Além de sua fotografia e das palavras "ME LIGUE" na frente, atrás estava seu número de telefone na Pensilvânia, seu endereço de e-mail e uma pequena lista de músicas cover que ela cantou com acompanhamento.

Ela se virou para sua mãe. "Estou com uma sensação boa a respeito disso", ela disse.

"Eu não!", gritou do banco de trás seu irmão Austin, que tinha 8 anos de idade. "Eu quero ir para casa!"

"Daqui a pouco", disse Andrea. "Espere."

Todos riram e Taylor olhou para seu irmão mais novo, que se encolheu no banco.

Taylor abriu a porta do passageiro e saiu, fechou a porta, caminhou cuidadosamente e contou cada passo. Sua mãe e seu irmão a seguiram logo atrás. Andrea nunca deixava Taylor ir a uma gravadora sozinha.

O prédio se aproximava e o coração de Taylor ficava acelerado. Isso acontecia todas as vezes. Ela estava um pouco acostumada depois de ter ido a 19 gravadoras, mas não conseguia conter sua ansiedade. Começou a saltar para alcançar o prédio mais rápido. Quando ela chegou à porta de entrada, sua mãe e seu irmão estavam logo atrás. Ela beijou o rosto de sua mãe. "Para dar boa sorte", disse.

Em Wyomissing, Pensilvânia, Taylor gravou quatro músicas com acompanhamento. Ela não podia contratar uma banda e não sabia tocar nenhum instrumento. Tudo bem, porque ela adorava cantar em karaoke. Taylor cantou "Here You Come Again", originalmente gravada por Dolly Parton, "There's Your Trouble", das Dixie Chicks, e "One Way Ticket", de LeAnn Rimes. Taylor era fã de LeAnn Rimes, não apenas porque ela cantava uma melodia country muito boa, mas também porque ela fez sucesso aos 13 anos de idade. A quarta música era "Hopelessly Devoted", de Olivia Newton-John. Era sua canção favorita de *Grease*, um musical que Taylor tinha encenado no ano anterior. Ela respirou fundo e entrou.

Na entrada do prédio, Taylor caminhou até a recepcionista. Quando a mulher levantou os olhos por cima da papelada, Taylor entrou em ação. "Oi! Meu nome é Taylor Swift! Tenho 11 anos e quero um contrato de gravação!" Ela entregou seu CD. "Me ligue!", disse abrindo um sorriso bem alegre.

A recepcionista sorriu de volta. "Bem, você é muito bonitinha", disse ela. "Porém, não contratamos menores de 18 anos. Sabe por quê? Porque os jovens não escutam música country."

"LeAnn Rimes chegou ao topo do sucesso quando tinha 13 anos de idade", Taylor contestou.

A mulher deu risada. "É, nessa você me pegou, queridinha", disse ela. "O seu número de telefone está aqui?"

"Sim, senhora", respondeu Taylor.

"Certo. Entraremos em contato."

"Mesmo?"

A recepcionista respirou fundo e olhou de maneira impaciente e desapontadora. "Nunca se sabe."

Taylor mordeu os lábios, virou-se e saiu rapidamente, deixando a porta se fechar.

A recepcionista a observou sair e depois jogou seu CD em uma caixa que estava atrás dela em que se lia "DEMOS", na qual estavam dezenas de outros CDs demo.

1

"E então?", Andrea perguntou assim que Taylor saiu. Elas começaram a andar de volta para o carro.

"Então o quê?"

"O que eles disseram?"

"Ela me achou bonitinha", respondeu Taylor. "O mesmo de sempre. Vá embora e volte quando completar 18 anos. Os jovens não escutam música country." Ela fez uma cara feia e deu de ombros. "Talvez eles não escutem *agora*", disse ela. "Mas escutarão. *Eu* escuto!" Ela refletiu por um momento. "Podemos voltar para o hotel e ver se alguém ligou?", perguntou Taylor.

Elas entraram no carro. "Claro, querida", Andrea disse e deu partida. Quando o trânsito ficou livre, ela avançou e foi embora.

De volta ao hotel, Taylor observava sua mãe, que falava ao telefone com seu pai, em Wyomissing. Ela se despediu com um beijo, desligou o telefone e sorriu na direção de sua filha.

Taylor cruzou os braços. "Esse sorriso não é verdadeiro", comentou.

Andrea colocou o braço em torno da filha. "Você é esperta demais para mim", disse ela.

"O que o papai disse?", Taylor perguntou. "Quem ligou?"

"Eu sinto muito, Tay", disse Andrea.

"*Ninguém?*", Taylor indagou tentando olhar para outra direção. Ela não queria olhar nos olhos de sua mãe porque poderia acabar chorando, e ela não queria fazer isso.

Andrea percebeu a decepção em seu tom de voz. "Você não vai desistir, certo?"

"Claro que não", Taylor respondeu. "Talvez devêssemos ficar mais alguns dias."

"De jeito nenhum", disse Andrea balançando a cabeça negativamente. "As férias acabaram. Você precisa voltar para a escola. Temos que aprontar a mala para irmos embora hoje à noite", disse ela.

Então, o telefone tocou.

Andrea atendeu rapidamente. O homem do outro lado da linha disse que era um executivo de uma gravadora e recebeu a demo de Taylor com a foto muito adorável na frente. "Com quem estou falando?", ele perguntou.

"Eu sou a mãe de Taylor, Andrea Swift."

"Eu gostaria de falar com Taylor, se possível", ele continuou. "Eu liguei para o número no CD e seu marido me passou este número, sra. Swift", disse ele educadamente.

Andrea virou-se para sua filha e lhe entregou o telefone. "É para você!"

Os olhos azuis de Taylor ficaram arregalados quando ela pegou o telefone e o colocou no ouvido. "Sim? Sou eu, Taylor Swift", ela disse, pausando e escutando o homem falar.

Andrea não conseguia escutar o que eles estavam falando, então ela se aproximou e tentou colocar seu ouvido mais perto do telefone.

Taylor balançou a cabeça. "Aham", ela falou e escutou mais um pouco. "Certo, muito obrigada", ela disse e desligou.

Andrea mal podia esperar para ficar sabendo. "E então?!", ela perguntou.

"Ele falou que eu sou adorável", disse Taylor desanimada. "Eu não preciso de nenhum adivinho para me falar *isso*", disse ela.

Andrea podia perceber que ela estava decepcionada. "O que mais ele falou, querida?"

"Ele tinha um conselho que talvez não fosse valer de nada, mas iria dizer mesmo assim", Taylor respondeu franzindo os lábios.

"E...", disse Andrea.

"E... ele falou que todo mundo leva demos com músicas de outras pessoas cantadas em karaoke. Ele falou que eu tenho uma voz bonita, que sou adorável e posso ir longe. Porém, tenho que tentar algo novo em vez de apenas cantar as músicas dos outros."

"Como *ele* ousa dizer isso?", Andrea protestou.

Taylor ficou envergonhada, inconsolável, depois foi para a cama, deitou e suspirou.

Andrea pegou a estrada por volta das 21 horas. Taylor se sentou na frente e Austin no banco de trás. Era uma viagem de 1.046 quilômetros de Nashville, Tennessee, para Wyomissing, Pensilvânia, e eles iriam viajar a noite toda e o dia seguinte todo, e mais pouco, para chegar em casa bem.

Taylor ficou acordada vendo a paisagem pela sua janela na escuridão. Ela pensou sobre muitas coisas, inclusive sobre novas coisas que deveria tentar. "Você sabe o que eu tenho que fazer, mãe", disse Taylor.

"O que, Tay?"

"Eu estive pensando. Talvez aquele cara esteja certo sobre o meu CD. São apenas versões de músicas de outras pessoas com acompanhamento", disse ela. "Ronnie falou a mesma coisa. Ele disse que eu deveria aprender a tocar."

"O que você quer fazer, querida?", perguntou Andrea.

"Algo a mais. Algo diferente." Taylor voltou a sonhar acordada. Ela não tinha quase 12 anos? Não tinha muitas memórias incríveis ao longo de seu crescimento? Não tinha escrito centenas de poemas e até mesmo um livro? Ela podia contar sua história nas canções. Primeiro, ela pensou em como chegou a Nashville. Ela se lembrou de que alguns livros de autores famosos começam com a frase "Nasci". Embora não fosse possível se lembrar de seu próprio nascimento, ela sabia tudo a respeito dele, porque sua mãe e seu pai falavam sobre esse assunto o tempo todo, então era como uma memória em sua mente até onde ela poderia se lembrar. Tudo começou em uma fazenda de cultivo de árvores de Natal onde ela nasceu, no município de Cumru, Pensilvânia. Ela pensou na neve que sua mãe descreveu naquele dia tão especial em dezembro de 1989.

2

Andrea Swift, banhada em suor, avançava com seu cavalo quarto-de-milha negro entre duas fileiras intermináveis de pinheiros. Havia muita neve no chão e aquele Natal especial de 1989 estava se aproximando rapidamente. Era de manhã cedo, e a Pine Ridge Farm, fazenda de cultivo de árvores de Natal da família Swift, seria aberta em algumas horas. Havia aquecido durante a noite e um nevoeiro encobria as colinas da Pensilvânia como um oceano branco.

Andrea aproximou-se da casa da fazenda galopando a todo vapor, enquanto seu marido, Scott, a esperava pacientemente na varanda. Ela diminuiu a velocidade e trotou até a varanda. "Chegou a hora", disse ela.

Uma hora depois, eles já estavam no Reading Hospital, no distrito de West Reading, onde sua filha, Taylor Alison Swift, nasceu na manhã seguinte, às 5h17, no quarto andar da ala da maternidade. Era 13 de dezembro, 12 dias antes do Natal. "Desculpe, você disse Taylor?", perguntou a enfermeira pediátrica. Ela segurava uma prancheta e queria saber o nome da bebê para colocar na certidão de nascimento.

"Sim", Andrea respondeu. "Taylor Alison."

"Por favor, não me leve a mal, mas Taylor não é um nome de menino?", perguntou a enfermeira.

"É mesmo?", Andrea perguntou.

A enfermeira olhou confusa para Scott e Andrea. "Eu acho que serve para ambos", disse ela.

"Exatamente", respondeu Andrea piscando para seu marido. Eles escolheram o nome Taylor porque Andrea, uma mulher de negócios, achava que as mulheres não eram tratadas com igualdade no mundo dos negócios e, para que sua filha tivesse uma chance justa, eles gostariam que ela recebesse um nome que não a traísse.

A enfermeira terminou a papelada e a entregou para que Scott e Andrea assinassem. Ela se dirigiu ao berço e pegou Taylor delicadamente, enrolada em uma manta. "Bem-vinda ao mundo, Taylor Alison Swift", ela disse e entregou a bebê a Andrea. O pediatra adiantou-se assim que a enfermeira estava saindo. "Bom dia", ele disse e foi diretamente até a pequena Taylor. "Está se sentindo bem?", ele perguntou enquanto examinava Taylor.

"Muito contente", disse Andrea.

Ele mostrou seu dedo, Taylor o segurou e depois sorriu. O pediatra ficou surpreso e falou para Andrea: "Ela é mesmo muito boazinha".

"Obrigada", disse Andrea.

Taylor começou a chorar e Andrea a segurou.

2

"Mas ela sabe exatamente o que quer e como consegui-lo", o médico falou sem hesitar. "Eu volto amanhã. Parabéns novamente. Estou certo disso..." Ele olhou para a prancheta. "...Taylor." Então, ele sorriu para os mais novos pais. "Vejo vocês logo de manhã", ele disse enquanto saía da sala.

Andrea olhou para Scott. "O que ele quis dizer com isso?", ela perguntou.

"Nada demais. Ele apenas acha que Taylor é boazinha", disse Scott. "É claro que ele esqueceu de mencionar que ela é brilhante. E linda". Os dois deram risada.

Quatro dias depois, Andrea e Scott Swift levaram sua filha recém-nascida para casa. Andrea saiu na frente e mirou a câmera de vídeo em Scott, que carregou Taylor do Jeep até o caminho sem neve que levava à porta de entrada. A mãe de Andrea, Marjorie Finlay, que morava com eles, estava na porta para recebê-los. Marjorie estendeu o braço para ajudar Scott. "Aí vem o papai chegando com a bebê em casa vindo do hospital", disse Andrea narrando seu vídeo caseiro. "E sua vovozinha", ela acrescentou e Marjorie deu risada.

"Parecia que nunca iria acontecer", falou Scott. Era como se Andrea tivesse ficado grávida por uma eternidade e os dois pensavam que Taylor nunca iria chegar.

Nos meses seguintes, Taylor dormiu em um berço que Scott colocou no quarto ao lado do deles. Quando ela acordava no meio da noite, a vovó Marjorie entrava na ponta dos pés. Ela apoiava o braço no berço e cantava bem baixinho para Taylor. Marjorie, que foi uma cantora de ópera profissional, tinha uma voz maravilhosa. No fim, as duas acabavam dormindo rapidamente. Ela dizia a todos que nada era mais gratificante do que cantar para sua neta.

Quando Taylor tinha 9 meses de idade, ela estava na varanda vendo sua mãe andar em seu cavalo quarto-de-milha. Ela esticou as mãos e gritou: "Eu!", balançando seu cabelo loiro-platinado encaracolado em sinal de frustração e acenando com os braços.

"Eu estou te vendo", disse Andrea desmontando. "Certo, eu acho que agora é a hora certa", disse ela.

Os olhos de Taylor avistavam tudo em volta enquanto ela andava no cavalo quarto-de-milha negro na frente de sua mãe, segurando a crina do cavalo com toda a sua força. Andrea envolvia Taylor como um casulo na sela inglesa, protegendo-a. Ela espirrou quando a crina encostou em seu rosto. Depois olhou para sua mãe e abriu um grande sorriso, e Andrea percebeu que tinha feito a coisa certa.

Enquanto Andrea conduzia o cavalo com cuidado ao redor da fazenda, Taylor observava tudo. Ela nunca tinha visto o mundo de tão alto, e adorou. Elas passaram pelo trator que puxava a grande carreta com os pinheiros pelos campos distantes, que estariam cobertos de árvores em três meses. Depois passaram ao lado da cerca viva alta que bloqueava o vento nos campos de cultivo de pinheiros. A cerva viva e as árvores em volta estavam realçadas com tons de dourado, marrom e vermelho no primeiro outono de Taylor. Ao passarem pelo pequeno trecho de grama que dava para um dos campos de pinheiros, Taylor apertou suas pernas contra a sela para se segurar enquanto cavalgava, assim como sua mãe tinha lhe ensinado, e escutou o ritmo lento das batidas dos cascos. Depois de um tempo, ela começou a cantar. Na verdade, não era um canto, mas, sim, um murmúrio. Ainda assim, ela o compôs, e o mais importante foi que Andrea gostou. "Onde você aprendeu isso, Tay?", ela perguntou.

"Vovó e eu", disse Taylor.

3

Taylor, vestindo sua camisola, acomodou-se debaixo das cobertas e esperou.

"Boa noite, querida", disse Andrea apagando a luz.

"Ei!", gritou Taylor no escuro, e Andrea acendeu a luz novamente.

"O que houve?", Andrea perguntou.

"E a minha história?", perguntou Taylor fazendo bico.

Andrea riu. "Você está certa", ela disse e foi até a cama, arrastando uma pequena cadeira. "Como eu pude esquecer? Você sempre me lembra das duas coisas que adora."

"Poemas e histórias", declarou Taylor. Andrea observou a filha por um momento, e o bebê chutou um pouco e ela deu um pulinho.

"O que aconteceu?"

"Não foi nada, meu amor. É apenas o Austin chutando." Já havia passado da data prevista para ela dar à luz seu segundo filho. Eles sabiam que seria um menino; portanto, tinham escolhido seu nome no mês anterior.

Então, ela pegou o livro na mesinha e o abriu na primeira página. "Mãe, espere", disse Taylor. Ela estava olhando para o armário atrás de sua mãe. A porta estava um pouco aberta. "Feche o armário, por favor", ela pediu.

Andrea observou sua filha por um momento, depois se levantou e fechou a porta do armário devagar. "Por quê?", ela perguntou virando-se rapidamente para o armário fechado.

"Pode ter um monstro aí dentro", Taylor respondeu.

Andrea franziu os lábios. "Oh, meu amor. Monstros não existem."

"Você tem certeza?", contestou Taylor.

Andrea analisou sua filha por um momento. "Eu garanto que não existem monstros neste armário", ela disse voltando a se sentar e começou a ler novamente sobre todos os animais na fazenda do Garibaldo. Taylor adorava esse livro porque ela também morava em uma fazenda. Aos poucos, enquanto sua mãe lia, ela fechou os olhos e adormeceu.

No dia seguinte, 11 de março de 1992, o filho de Andrea e Scott nasceu no mesmo hospital de West Reading onde Taylor veio ao mundo. Eles batizaram-no Austin Kingsley Swift: Austin, em homenagem à capital do Texas, estado onde Andrea nasceu. Na realidade, ela nasceu em Houston, Texas, e conheceu Scott em Harris, Texas, mas Houston não era um nome para um garoto e Harris era muito convencional; portanto, batizaram-no Austin Kingsley. Austin também significa "sublime" em grego, e Kingsley é o nome do meio de seu pai, herdado da bisavó de Scott, Barbara Maria Jane Kingsley.

No dia em que Austin nasceu, Taylor correu para o quarto do hospital e voou até o lado da cama de sua mãe para ver seu irmãozinho. "Eu quero ver, eu quero ver!", disse Taylor, aproximando-se do lado da cama onde Austin estava acordando. Ela retirou a manta para revelar seu rostinho.

Austin começou a chorar.

"Ohhhh", Taylor suspirou e o envolveu em seus braços, todo enrolado em uma manta nova azul. "Este é o melhor dia de todos!", ela disse.

Duas semanas depois, no dia 25 de março de 1992, Taylor, aos 2 anos de idade, estava sentada em seu pequeno piano na sala enquanto o restante de sua família se reunia antes do jantar. Andrea e Scott saíram da cozinha. Andrea carregava Austin, seu filho recém-nascido. Quando Marjorie saiu do quarto e desceu as escadas, Taylor ficou contente. "Vovó!", ela disse e correu até sua avó, agarrando em sua saia.

"Cante alguma coisa, mãe", Andrea falou.

Marjorie olhou em volta da sala. "Achei que você nunca fosse pedir", ela disse brincando.

"Yupi!", Taylor comemorou.

Marjorie cantou uma parte da linda ária de Mařenka de *The Bartered Bride*, do compositor tcheco Smetana, nascido no século XIX, uma ópera que ela conhecia de cor. Quando ela terminou, todos aplaudiram, principalmente Taylor.

Marjorie segurou sua neta com muita alegria e a colocou sentada em seu pequeno piano preto em outra parte da sala. "Certo, Tay", ela disse. "Agora é a sua vez."

Taylor estava preparada. Elas haviam ensaiado anteriormente. Ela olhou em volta da sala e esperou todos se acomodarem. Quando a sala ficou silenciosa, ela respirou fundo, bateu suas mãos nas teclas de seu pequeno piano e cantou "Brilha, Brilha, Estrelinha" a plenos pulmões. Ela cantou bem alto e sua família ficou encantada.

Scott filmou tudo com sua câmera.

Quando Taylor terminou, todos aplaudiram. Ela abriu um grande sorriso, levantou e curvou-se em agradecimento.

"Onde ela aprendeu isso?", Andrea perguntou a Marjorie. "Eu não sabia que ela conhecia essa música."

"Ela não conhecia. Eu cantei para ela hoje de manhã", Marjorie deu de ombros. "Cantei apenas uma vez e ela decorou."

Andrea e Scott se entreolharam. "Agora temos uma menina que sabe exatamente o que quer e como consegui-lo", falou Andrea imitando o pediatra que havia dito isso no dia em que Taylor nasceu.

4

Aos 5 anos de idade, Taylor correu para fora da sala de cinema na frente de sua mãe, seu pai e Austin. Ela estava tão animada que começou a dançar pela calçada. No alto, era possível ver o letreiro de *O Rei Leão*, da Disney.

No carro, voltando para sua nova casa em Stone Harbor, uma comunidade próspera na costa de Nova Jersey, Taylor desatou a cantar.

"O que eu quero mais é ser reeeeeeeiiii", ela cantou alto e perfeitamente. "Ela está cantando certo?", Scott perguntou baixinho para Andrea, que estava sentada ao lado dele no banco da frente.

"Parece estar certo", Andrea respondeu.

"Ela acabou de decorar essa música?", ele perguntou impressionado.

"Eu sei todas, papai", disse Taylor continuando a cantar por todo o caminho de volta para casa. Taylor estava certa. Ela cantou todas as músicas com cada palavra perfeitamente.

O mar estava quente no verão de 1995 na costa de Nova Jersey. A casa de veraneio com muitos andares, que a família Swift adquiriu em Stone Harbor, era branca e suntuosa. Duas varandas enormes, uma em cada piso e um observatório no terceiro andar tinham uma vista incrível para a praia e o mar.

Taylor adorava brincar na beira do mar. Scott estava por perto, filmando-a com sua câmera. Quando um casal novo chegou e estendeu sua esteira, Taylor correu até a eles. "Posso cantar uma música para vocês?", ela perguntou educadamente.

O homem e a mulher ficaram surpresos e admirados com a ousadia de Taylor. "Claro que sim", a esposa respondeu.

Taylor começou a cantar "O que eu Quero Mais é Ser Rei", de *O Rei Leão*, com todos os versos.

"Essa música é de *O Rei Leão*?", o marido perguntou.

"Sim!", Taylor respondeu. "Eu vi o filme!" Então, ela saiu correndo.

Scott capturou tudo em vídeo e sorriu para o casal. Depois, ele foi atrás de Taylor, que correu até outro casal e começou a cantar.

O verão estava quase terminando e o outono aproximava-se rapidamente. Não haveria muitos outros dias quentes, e aquele era o último dia deles na temporada de verão em Stone Harbor. Austin estava na praia, em uma piscina infantil inflável que Scott encheu com alguns centímetros de água para mantê-lo fresco no calor de Nova Jersey. Andrea observava de uma passarela para se certificar de que seu filho não colocasse alguma coisa na boca, como areia, alga ou água do mar.

Taylor, que estava com 5 anos na época, parou de cantar para seu público na praia e ficou pulando e brincando na água por alguns minutos. Depois, ela saiu, caminhou até seu pequeno irmão com um balde cheio de água do mar e a despejou na piscina de praia. Austin sorriu quando a água começou a cair do seu lado e, quando ela parou de cair, ele submergiu seu rosto, colocou um pouco de água na boca e cuspiu para a câmera. "Hic!", ele riu e todos deram risada.

As férias escolares de verão de Taylor tinham acabado, e o caminho de volta de 225 quilômetros para Reading, Pensilvânia, levou pouco menos de três horas. Taylor sentou-se no banco de trás do Jeep da família com seu irmão caçula, Austin. Quando ela viu que ele começou a se contorcer, mostrou para ele sua cópia do livro *A Árvore Generosa*, de Shel Silverstein. "Este é o meu novo livro favorito", ela sussurrou para seu irmão. "Eu gosto muito dele porque é como poesia, e você sabe o quanto eu adoro poesia", disse ela.

Austin assentiu com a cabeça e depois fechou os olhos. Após folhear um pouco o livro, ela também fechou os olhos, e logo os dois estavam dormindo.

Depois de um longo cochilo, Taylor acordou. Ela sabia que começaria a estudar em uma nova escola no outono. "Mãe, qual é o nome da escola onde eu vou estudar?", ela perguntou em direção ao banco da frente.

Andrea virou e sorriu. "The Wyndcroft School", ela respondeu.

"Não vai ter mais uniformes?", Taylor perguntou.

"Não, querida", respondeu Andrea. "E nem freiras. Apenas professores comuns. E meninos", ela disse piscando.

"Eca", disse Taylor fazendo cara feia. Sua antiga escola, a Alvernia Montessori School, era administrada pelas Irmãs Franciscanas Bernardinas. The Wyndcroft School era uma escola primária particular e exclusiva, a quase 15 quilômetros de Reading. Para Taylor, era uma escola com crianças grandes, e ela queria se tornar uma delas e fazer novos amigos.

No primeiro dia de aula, a sra. Pemrick, professora de Taylor no primeiro ano, foi para a frente da sala e fez o discurso de orientação habitual para as crianças sobre a incrível história da escola. "Alguém sabe quando Wyndcroft foi fundada?"

Taylor levantou a mão. Ela não era nem um pouco tímida, e tinha lido e decorado a história da escola.

"Taylor?", a sra. Pemrick perguntou.

"1918", ela respondeu.

"Está correto", disse a sra. Pemrick. "Você sabe por que esse ano é importante, especialmente para nós mulheres?"

Taylor ficou emocionada por realmente estar conversando com a professora. Ela balançou a cabeça. Não tinha ideia de por que o ano de 1918 era importante.

"Foi o ano em que as mulheres obtiveram o direito ao voto nos Estados Unidos", disse a professora antes de virar e começar a escrever palavras novas no quadro-negro.

No ano seguinte, Taylor desenvolveu-se bem na escola. Além dos livros que eles liam na sala de aula, ela devorou muitos livros em casa. Para uma pequena garota indo para o segundo ano, seu vocabulário cresceu e ela imaginava como os autores criaram e estruturaram as histórias que ela adorava ler. Quando a sra. Pemrick perguntou a seus alunos do que eles mais gostavam, Taylor estendeu a mão primeiro.

"Poemas", ela respondeu.

Taylor percebeu que a sra. Pemrick ficou intrigada. "Conte-nos por quê", disse a professora.

Taylor mordeu os lábios enquanto pensava um pouco. "Porque eles dizem a coisa certa no momento certo."

"Excelente descrição", disse a professora. "Você escreve poemas?"

Taylor sorriu e assentiu com a cabeça. "Eu escrevo à mão. Crio poemas em todos os lugares. Até mesmo aqui", disse ela.

5

Taylor retirou o laço e a fita e depois rasgou o papel de embrulho de seu presente de aniversário. Era 13 de dezembro de 1996, e Taylor tinha completado 7 anos. O presente era um CD do álbum *Blue*, de LeAnn Rimes, lançado no começo de julho. Esse álbum chegou imediatamente ao primeiro lugar das paradas de sucesso de música country. Quando ela desembrulhou o presente perto da árvore, Scott estava ao lado do CD player, pronto para colocá-lo. Em vez disso, Taylor virou o CD e leu o encarte. Após um momento, ela exclamou: "Meu Deus! Ela tem só 13 anos!".

"Traga-o aqui, Tay, e vou colocá-lo para tocar", disse Scott.

Taylor não se moveu de onde estava sentada e continuou a ler o encarte, ignorando todos à sua volta.

Scott deu de ombros. "Certo, você sabe como ligar o CD player", ele disse e foi para a cozinha.

Taylor continuou a ler o encarte, só conseguindo olhar para ele. Ela virou o CD de novo e viu a foto de LeAnn Rimes na capa. Seu cabelo era comprido e loiro-avermelhado, e ela usava um vestido longo de renda marrom. Ela estava sentada na parte debaixo de uma escada que levava para um sótão. Tudo era de madeira. Taylor percebeu imediatamente que ela estava em um celeiro. Ela correu para fora de sua casa e passou pelo caminho coberto de neve que levava até o celeiro, com sua grande porta vermelha. Tinha montinhos de neve suja por todo o lugar. Ela abriu a porta do celeiro e dois de seus gatos selvagens saíram em direções opostas. Um deles tinha um rato-do-mato na boca. Ela correu pelo chão repleto de feno para chegar até a escada de madeira, como na capa do álbum de LeAnn Rimes, e subiu ao andar de cima, pulando os degraus de dois em dois. Quando Taylor chegou em cima, caiu em uma pilha de feno que ela transformou em uma cama. Esse era o seu lugar secreto. Ela tinha colocado algumas caixas pelo sótão e cada uma delas continha algumas de suas coisas pessoais, como mesinhas. Tinha até mesmo uma luminária. O feno formava uma cama perfeita e Taylor esticou-se de costas para ela, segurou a capa do CD na sua frente e leu de novo.

E de novo.

Ela contou nos dedos:"Sete. Em seis anos, *eu* terei 13 anos".

Scott Swift estava ao lado de uma das árvores de Natal que ele plantou. Ela tinha quase a sua altura, um pouco mais de 1,82 metro. Taylor estava sentada no lado oposto, em uma grande pedra.

"Certo", disse Scott passando sua mão com uma luva pelos galhos do pinheiro. "Estamos procurando ootecas."

Taylor sabia o que eram as ootecas. Era sua função procurar esses invólucros que protegiam os ovos de louva-a-deus desde que ela tinha ajudado sua mãe e seu pai no último Natal. Na época, ela era muito pequena e não conseguia alcançar os galhos de cima. Agora, ela era muito mais alta do que as crianças de sua idade e grande o suficiente, aos 7 anos de idade, para usar a escada com três degraus para alcançar o topo das árvores.

"Nós não podemos deixar nenhuma árvore sair da fazenda com alguma ooteca", Scott continuou falando. "Seria horrível para os negócios."

"Mas, papai, nós gostamos dos louva-a-deus", disse ela.

"É verdade, precisamos dos louva-a-deus porque eles se alimentam de todos os outros insetos que tentam infestar as árvores. É como ter o nosso próprio controle de pragas gratuito. Mas os louva-a-deus depositam ovos nas ootecas e elas são difíceis de ver, e se uma árvore sai daqui com uma ooteca, é provável que ela se abra na casa das pessoas. E cada uma delas tem 300 ovos! Isso seria um problema!"

Taylor riu ao pensar em milhares de louva-a-deus saindo dos ovos na manhã de Natal e infestando os presentes à procura de outros insetos para se alimentarem.

"Certo, você sabe o que deve fazer", disse seu pai.

"Nada de ovos."

"Exatamente!"

Uma semana depois, Taylor estava sonhando acordada pela janela da sala de jantar. Então, ela viu seu pai carregando uma árvore de Natal para a caminhonete azul de um cliente. Seus olhos se arregalaram e ela ficou de pé rapidamente, empurrando sua cadeira de volta para a mesa de jantar, provocando um som estridente.

Sem dizer uma palavra, ela se apressou para fora da casa e correu até seu pai assim que a caminhonete saiu pela passagem de terra e seguiu para a estrada em frente à Pine Ridge Farm. Scott sorriu para a sua filha. "Outro cliente feliz", disse ele.

"Eu... eu espero que sim", disse Taylor visivelmente abalada.

"O que você quer dizer?" Scott percebeu que alguma coisa não estava certa. "O que há de errado, querida?", ele perguntou.

"Eu... eu esqueci", ela disse mordendo os lábios.

"Esqueceu o quê?", ele perguntou.

"Eu esqueci de verificar essa árvore", ela disse com lágrimas escorrendo dos olhos. "Para ver se tinha alguma ooteca."

Scott se deu conta do que ela disse e olhou para a estrada. O carro já estava quase se perdendo de vista. "Tenho certeza de que ficará tudo bem", disse ele inseguro enquanto observava a caminhonete desaparecendo na curva distante que levava de volta para a cidade. Taylor percebeu que ele estava com um olhar preocupado.

"Eu também tenho certeza, papai", disse ela insegura. Ela virou e caminhou de volta para a casa, com uma sensação de nervoso no estômago.

O homem retornou no dia seguinte. Ele estava com um pote grande cheio de pequenos louva-a-deus se contorcendo. "Consegui pegar todos esses", disse ele. "O restou fugiu."

"Eu sinto muito!", ela disse e saiu correndo. Taylor parou antes de chegar em casa e voltou. "Obrigada por não matar os louva-a-deus!". Depois, ela se apressou em direção à casa.

Mais tarde, Andrea percebeu que sua filha estava triste e se sentou ao lado da cama dela. Ela esperou um pouco para ver se Taylor ia começar a falar alguma coisa, mas, como ela não falou nada, Andrea começou a falar. "Então...", disse ela com a voz oscilando. "O que você está fazendo?"

Taylor, debaixo das cobertas, só conseguia chorar. Por fim, ela respirou fundo, juntou toda a sua coragem e falou:"Eu estou de castigo".

Andrea nem sabia que ela conhecia essa palavra. "O que você quer dizer?", ela perguntou.

"Eu só estou de castigo", Taylor respondeu e encolheu os ombros.

Andrea suspirou e observou o montinho debaixo das cobertas formado por a sua filha. "Fique calma, Tay. Eu não vou puni-la por isso", disse ela.

"Eu sei", Taylor falou sem se mexer. "Mas eu vou", contestou ela.

Essa é a Taylor, Andrea pensou. *Ela é sempre a sua maior crítica.*

Ela falou para sua filha que todos cometem erros, inclusive a mamãe e o papai, e que ela precisava seguir em frente. Eles precisavam da ajuda dela com as árvores.

Uma hora depois, Taylor estava lá fora de novo procurando os louva-a-deus.

6

Uma noite, durante o jantar, a campainha tocou. "Eu vou atender", disse Andrea, afastando-se da mesa. "Olá, sra. Pemrick!", Taylor escutou sua mãe falando na porta da frente.

Os olhos de Taylor ficaram arregalados. "Me desculpe. Espero não estar incomodando", Taylor ouviu sua professora, a sra. Pemrick, dizer.

"Claro que não. Entre. Você aceita um café?", Taylor escutou sua mãe oferecer. A sra. Pemrick respondeu: "Oh, eu adoraria", e depois foram ouvidos seus passos chegando na sala de jantar.

Quando Taylor viu sua professora chegando, ela não sabia o que fazer. Ela nunca tinha visto a sra. Pemrick fora da escola.

"Eu não vou demorar muito", a sra. Pemrick falou enquanto Andrea trazia uma xícara de café bem quente para ela. Ela tomou um gole e depois descansou a xícara. "A sua filha escreveu um ensaio de quatro páginas na aula de hoje", disse ela.

"Isso é ótimo!", respondeu Andrea.

A sra. Pemrick concordou. "Eu pedi apenas um parágrafo, sra. Swift, mas Taylor escreveu quatro páginas. Frente e verso".

Os olhos de Andrea se arregalaram e ela se virou para seu marido, um pouco confusa. "Certo, então você não está aqui porque tem algum problema com Taylor?"

"Claro que não. Olhe. Geralmente, se eu consigo fazer um aluno escrever quatro ou cinco frases, já fico contente", disse a professora tomando mais um gole de café.

"Desculpe, sra. Pemrick", disse Taylor. "Eu não vou fazer isso de novo."

A sra. Pemrick desatou a rir e Taylor riu junto, sem entender o que era engraçado. Taylor nunca tinha escutado a risada da professora, e gostou muito dela. Ela era alta e sincera.

A sra. Pemrick falou: "O que eu quero dizer é que sentimos que isso é algo que Taylor adora fazer. É tão raro uma criança se interessar pela escrita. Então, resolvi parar no meio do caminho entre a escola e a minha casa para pedir que vocês encorajem isso nela. Sinceramente, ela adora fazer isso". A professora levantou-se. "Obrigada pelo café", ela agradeceu. "Não precisam se levantar. Eu não pretendia interromper sua ceia. Eu só queria que vocês soubessem disso. Já estou indo embora." Ela caminhou até a porta e se virou. "De verdade, nós estamos impressionados", ela falou sorrindo e depois foi embora.

Quando a professora saiu, Andrea se virou para sua família. "Bem!", disse ela. "Isso foi animador! Que surpresa!"

"Sobre o que você escreveu?", Scott perguntou para sua filha.

"Sobre o meu primeiro dia na escola", Taylor respondeu. "Se eu tivesse tempo, teria escrito mais."

Ela viu seus pais se entreolharem e sorrirem.

"Estamos muito orgulhosos de você", disse Andrea.

Era o primeiro dia de Taylor no segundo ano.

Na semana seguinte, Andrea esperou sua filha sair da escola e, quando ela a viu, ficou muito contente. Taylor correu até o carro pulando pelo caminho. Ela só pulava quando estava feliz. Andrea abriu a porta de trás. "Por que *você* está tão feliz? Por que é sexta-feira?"

"É sexta-feira?", Taylor perguntou e fechou a porta com força. No carro, ela abriu o zíper de seu casaco e respirou, soltando uma pequena fumaça no carro. "Olhe", ela disse apontando para um letreiro na frente da escola. Andrea olhou e viu que ele anunciava a peça natalina anual da escola. "Você está falando sobre a peça de Natal?"

"Sim!", Taylor gritou de tão animada.

"Você quer assistir a essa peça?"

"Não! Eu quero participar dela!", Taylor respondeu.

Taylor fez um teste para a peça de Natal da The Wyndcroft School e conseguiu o papel de uma boneca que cantava. A sra. Kolvek, sua professora de música, pintou suas bochechas de vermelho-rosado e desenhou longos cílios em seu rosto. Seu cabelo estava ótimo: longo, encaracolado e loiro-platinado, amarrado para trás com um grande laço branco, perfeito para o papel.

Taylor sabia o momento em que deveria começar a cantar. Os meninos que estavam interpretando o papel de soldadinhos iriam marchar cercando os brinquedos e todos iriam começar a cantar a canção. Essa era a cena final da peça. Toda vez que ela se movimentava no palco, olhava para a plateia, mas não conseguia ver ninguém, porque as luzes estavam apontadas para o palco. As pessoas na plateia eram apenas pontinhos no escuro.

A hora estava chegando e ela respirou fundo. Os soldadinhos movimentaram-se no palco e ela cantou "Jingle Bells" o mais alto que conseguia. "Hoje a noite é bela, vamos à capela, sob a luz da vela, felizes a rezar! HA HA HA!", eles cantaram juntos.

Andrea, Scott e Austin assistiam orgulhosos enquanto ela dançava pelo palco e cantava com todo seu coração, cercada pelos soldadinhos de brinquedo interpretados por seus colegas de escola. Scott ficou de pé e a filmou com sua câmera sempre presente. Taylor tinha uma voz linda e eles conseguiam ouvi-la mais alto do que todas as outras vozes no palco.

Quando a música acabou, as luzes foram acesas e todas as crianças no palco deram as mãos e se curvaram em agradecimento. A peça havia terminado. A plateia gritou, aclamando e aplaudindo com muito entusiasmo. Taylor sentiu dentro do peito o som da plateia satisfeita, em ondas de energia. Ela sentiu isso tudo e era como o amor. Em meio ao alvoroço, encontrou sua família na plateia, aclamando e aplaudindo. Ela fechou os olhos e deixou os aplausos fluírem pelo seu corpo. Taylor lembrou-se dos elogios que recebeu quando cantou para sua mãe e seu pai e para as pessoas na praia, durante os verões em que ela cantava as canções de seus filmes favoritos da Disney. Dessa vez era diferente. Não era igual a nada que tivesse sentido antes, e Taylor instantaneamente teve certeza de uma coisa: ela queria mais.

7

No Natal do ano seguinte, Taylor tinha acabado de completar 8 anos de idade e tudo mudou depois que ela desembrulhou o presente de Natal especial do Papai Noel. Obviamente, como todas as coisas a serem descobertas na vida de uma criança, ninguém sabia naquela época o significado do presente. Era um violão. Ele era muito bonito, com decorações simples em marfim na parte debaixo do braço de madeira de cerejeira. Os afinadores eram os melhores que existiam.

Ela o exibiu para seus pais, seu irmão e sua avó, que estavam todos reunidos em volta da árvore de Natal. "Olhem!", disse ela. "Tem o meu nome escrito nele!" Lá estava em destaque, com letras floreadas, o nome "TAYLOR" decorado em um pedaço de madeira. Demorou um tempo até que percebesse que o nome não tinha sido gravado para ela. Na verdade, era a marca do violão.

No seu aniversário, no começo do mês, ela tinha ganhado um monte de coisas de menina: algumas roupas, um pouco de maquiagem e um capacete de equitação azul-marinho com triângulos em azul, amarelo e magenta. Mas, no Natal, ganhou o violão. Ele era incrível. Agora poderia ser uma estrela country assim como LeAnn Rimes. Ela apontou o braço do violão para a esquerda e tocou as cordas com seus dedos da mão direita. O som saiu horrível e desafinado, e ela recuou. Taylor tentou colocar seus dedos no braço do violão, curvados em posições estranhas como Dolly e LeAnn faziam, para formar um acorde, mas suas mãos eram pequenas demais e seus dedos eram muito curtos, e ela não conseguia tocar com força o suficiente as cordas de aço para reproduzir os sons corretamente. Ela balançou os dedos. "Eles não se encaixam!", disse ela frustrada.

"Não se preocupe, Tay", disse Scott. "Você vai aprender."

Taylor pensou a respeito disso por um momento e depois disse:"Certo, papai". Seu pai sempre sabia a coisa certa a se dizer. Ela se apaixonou instantaneamente pelo instrumento, apesar de não conseguir tocá-lo. Depois de abrirem os presentes, Taylor levou seu violão novo para o quarto e o colocou em um canto, para que pudesse sempre observá-lo e sonhar em tocá-lo um dia.

Mais tarde naquela noite, ela leu o pequeno manual que veio com o violão. Ele basicamente mostrava como tocar algumas notas básicas, que eram muito difíceis para seus dedos pequenos. Depois de ler o manual inteiro, ela o colocou em uma prateleira perto do violão e caiu na cama. Deitada, ela olhou para seu criado-mudo, no qual ela guardava um caderno de anotações em que escrevia seus poemas. Com ele estavam os seus livros favoritos, *A Árvore Generosa*, de Shel Silverstein, e muitos livros de Dr. Seuss. Ela adorava a maneira como Dr. Seuss escrevia poesia. Quando não tinha uma palavra que rimasse, ele a inventava. Ela entendia o poder das palavras porque *A Árvore Generosa* sempre a fazia chorar. Era sua história favorita. Era sobre uma árvore fêmea e um garoto que cresceram juntos. Taylor perguntou para sua mãe como era possível inventar palavras e fazer as pessoas terem sentimentos por meio delas, e Andrea respondeu que isso se devia ao fato de que o inglês é uma língua muito flexível. Você pode incliná-lo para todos os lados e as pessoas podem rir, chorar e sentir.

Ela olhou em volta do quarto e, como previsto, a porta de seu armário estava um pouco aberta. Taylor abriu o caderno de anotações e folheou cada poema que escreveu a lápis e tinta pelas páginas e continuou folheando até encontrar uma nova página em branco. Ela pegou uma caneta que sempre mantinha por perto e começou a escrever:

"Tem um monstro no meu armário e eu não sei o que fazer!"

Ela ouviu os passos de sua mãe na escada em direção ao seu quarto e escondeu o caderno debaixo do travesseiro. Pouco tempo depois, Andrea deu uma olhada no quarto e viu a luz acesa em cima da cama de sua filha. "Já chega de escrever por hoje, Tay-Tay", disse ela. "Apague a luz."

"Sim, mamãe", Taylor disse e apagou a luz, deixando o quarto na escuridão, exceto pela luz da lua que irradiava pela janela.

"Feliz Natal", disse Andrea fechando a porta.

Assim que a porta se fechou, Taylor ficou ouvindo por um momento. Quando não escutou mais nenhum barulho no corredor, ela acendeu a luz novamente.

No corredor, Andrea, que estava ao lado da porta do quarto de Taylor, viu o feixe de luz embaixo dela e sorriu. Ela sabia como era ter uma paixão. Foi isso que a impulsionou para a área de marketing anos antes. Foi isso que a fez se tornar bem-sucedida. E ela sabia que sua filha também tinha uma paixão. Então olhou uma última vez para a luz embaixo da porta e depois foi embora.

Depois que sua mãe fechou a porta, Taylor começou a folhear o caderno de poesias até a página em que ela tinha escrito sobre o monstro em seu armário. Ela acrescentou um verso abaixo da primeira linha:

"*Você já o viu? Ele já te atacou?*"

Ela sorriu para si mesma e abaixou a caneta. Era um poema diferente de qualquer outro que já tinha escrito. Era tão diferente quanto a *A Árvore Generosa* era um tipo de livro diferente. Ela colocou o caderno de volta no criado-mudo e deu uma última olhada em sua cópia de *A Árvore Generosa*, apagando a luz em seguida.

Quando Taylor tinha 8 anos, o inverno deu lugar à primavera e a primavera deu lugar ao verão. E, para ela, Wyomissing deu lugar à costa de Nova Jersey. A casa de praia da família Swift em Stone Harbor era grande e branca e tinha vista para o mar. Taylor olhou-se no espelho de seu quarto e desenhou uma marca no lado direito da curva de seu lábio superior. Ela esticou a pele um pouco e girou o lápis delineador marrom-escuro, criando perfeitamente uma pintinha falsa.

Austin desviou o olhar de seus Legos e a observou sem nenhum interesse, fez uma careta e voltou a brincar. Ele não tinha ideia do que ela estava fazendo.

O coração de Taylor acelerou. Aquela noite era o show, o seu primeiro show, e ela não achava que ir de cara limpa era o suficiente. Depois que ela terminou de se arrumar no espelho, reuniu alguns de seus poemas e os copiou em um papel-cartão. Ela escreveu anotações em outras páginas em branco. Depois, quando já tinha páginas suficientes, ela as dobrou, desenhou uma capa e usou a fita adesiva de seu pai para juntar as páginas, formando um livro. Ela estava pronta: o livro estava feito e sua pintinha tinha ficado boa. Afinal de contas, esse era o seu primeiro show e tudo tinha que ser perfeito.

O cassino onde LeAnn Rimes estava tocando ficava a 43 quilômetros de Stone Harbor. Scott dirigiu pela Garden State Parkway e fez o percurso em um tempo bom, considerando o trânsito do fim de semana. Ele sabia o quanto esse show era importante para Taylor e, então, conseguiu ingressos para todos na fileira da frente. Taylor mal conseguia se sentar. "Por favor, fale com eles, papai!", ela disse balançando o livro feito à mão. Scott finalmente se levantou, foi até um segurança que estava em um dos lados do palco e conversou com ele por alguns instantes. O segurança assentiu com a cabeça e saiu. Quando ele retornou, trouxe uma mulher que tinha, em volta do pescoço, uma grande credencial para os bastidores escrita "LeAnn Rimes VIP".

Scott olhou para Taylor e acenou. Taylor correu até ele, quase tropeçando no caminho. "Oi, Taylor", a mulher disse. "Eu fiquei sabendo que você quer dar algo para LeAnn."

Taylor ficou apenas olhando por um momento, sem conseguir encontrar palavras. Por fim, ela lhe entregou o livro feito à mão. "Aqui! Isto é para LeAnn! Eu a amo!", disse ela.

A mulher pegou o livro. "Eu vou me certificar de que ela receba isto", disse ela dando um grande abraço em Taylor e correndo para os bastidores.

Taylor não conseguia acreditar nisso. Ela caminhou de volta para seu lugar. "Muito obrigada, papai", ela disse e se sentou.

Uma hora depois, no meio do show, entre as canções, LeAnn foi até o microfone e, enquanto o público aplaudia e aclamava, disse: "Obrigada pelo livro, Taylor!".

Taylor gritou e pulou. "Ela sabe o meu nome!", exclamou esticando sua mão. Quando LeAnn a viu, caminhou até ela e tocou sua mão. "Eu vou guardá-lo para sempre", ela lhe confidenciou. Depois, caminhou de volta, a banda continuou a tocar e ela começou a cantar a música seguinte.

No caminho de volta para a costa de Nova Jersey, depois do show, Taylor protegeu sua mão como se ela fosse feita de ouro.

Scott a observou em seu espelho retrovisor. "Tem algo de errado com a sua mão?"

"Eu nunca mais vou lavá-la, porque LeAnn a tocou", Taylor disse e todos deram risada.

8

Taylor sentou-se na primeira fileira do auditório, paralisada, observando sua professora de música, Barbara Kolvek. A sra. Kolvek estava no palco andando de um lado para o outro, explicando a peça de Natal daquele ano. A peça seria *The Runaway Snowman*, de Jill Gallina.

"Esta grande peça terá oito canções, todas no estilo de rock e com arranjos para serem cantadas em harmonia; então, todo mundo terá a chance de cantar", contou a professora.

Taylor levantou a mão.

A sra. Kolvek tentou continuar, mas Taylor ficou acenando cada vez mais da plateia. Ela finalmente parou de falar e lhe deu a palavra. "Sim, Taylor?".

"Eu olhei no libreto e vi que na verdade são sete músicas cantadas em harmonia. Uma delas é um solo."

"Você está certa, Taylor", disse a sra. Kolvek. "'I Want To Make You A Star' é cantada solo. Obrigada por fazer o seu dever de casa."

Taylor sorriu orgulhosa.

"Eu suponho que você esteja interessada no papel de Robin, a protagonista?"

"Não, senhora. Eu quero cantar o solo –"I Want To Make You a Star!"

A sra. Kolvek pareceu confusa. "Mas essa música é cantada por Freddy Fasttalk, o vilão."

"Não tem problema!", Taylor respondeu. "Eu quero o papel de Freddy Fasttalk!"

"Mas, Taylor, Freddy Fasttalk é um homem", a professora contestou.

Taylor deu de ombros. "Sim. Ele tem as sobrancelhas grossas e usa bigode. É só colocar isso em mim. Eu não vou me importar com a minha aparência, só quero cantar essa música!", disse Taylor.

Os alunos no auditório deram risada e Taylor riu com eles.

Mas ela conseguiu o que queria.

Na primeira vez em que Taylor subiu no palco caracterizada como Freddy Fasttalk, ela assumiu o papel. Taylor usou um macacão azul de fazendeiro, um boné azul de beisebol, sobrancelhas exageradamente caricatas e um bigode grosso que a fazia parecer um dos irmãos do *Super Mario Bros*. Ela mesma elaborou o figurino. Taylor cantou com todo o seu coração e a plateia adorou.

Andrea, Scott e Austin estavam na plateia e, quando Taylor se curvou em agradecimento, eles ficaram de pé e aplaudiram bem alto. "Ela estava cantando com um sotaque sulista?", Scott sussurrou para Andrea enquanto Taylor se curvava.

Andrea assentiu com a cabeça. "Só um pouco. É por causa de toda aquela música country que ela escuta", ela sussurrou de volta.

Scott deu risada e voltou sua atenção para o palco enquanto Taylor e o elenco se curvavam novamente em agradecimento. A plateia continuava aclamando. E Taylor adorou cada minuto disso.

Mais tarde naquele mesmo ano, quando Taylor estava com quase 10 anos, ela cavalgou seu cavalo quarto-de-milha rapidamente, quase criando um redemoinho atrás de si enquanto galopava pela longa fileira de pinheiros na Pine Ridge Farm, que estava coberta de neve. Ela arqueou seu cavalo com precisão sobre o curso de água sem sair da sela. Taylor já tinha ganhado muitos prêmios por cavalgar em percursos emocionantes, mas o percurso da Pine Ridge Farm ainda era o seu favorito, porque era difícil e real. Poder praticar nele todos os dias lhe garantiu uma vantagem.

Quando ela chegou ao celeiro, sua mãe estava lá, aparando as flores.

"Já chegou?!", Taylor exclamou sem fôlego por causa de sua galopada matinal.

"Está na mesa", Andrea respondeu sem olhar para cima.

Taylor passou sua longa perna pela sela, deslizou para o chão e, sem hesitar, correu até sua casa. O cavalo caminhou até Andrea e a empurrou delicadamente, mas quase a derrubou. Ela deu risada.

Taylor irrompeu na sala de jantar e espalhou a correspondência do dia em cima da grande mesa, procurando um pacote até finalmente encontrá-lo. Ele estava endereçado a ela e foi enviado por sua avó. Ela abriu o pacote e dentro estava o novo CD das Dixie Chicks, *Wide Open Spaces*, que tinha sido lançado alguns dias antes. Era o quarto álbum delas e o primeiro com a nova vocalista, Natalie Maines. Taylor colocou o fone de ouvido e escutou o álbum todo sem parar. Quando a última faixa tocou, ela conteve as lágrimas que raramente derramava, pois ficou muito impressionada. "Ai... meu... Deus!", ela gritou mais alto do que nunca.

Andrea correu até a entrada. "O que há de errado?"

Taylor olhou para sua mãe e tirou um dos fones de ouvido. "Este é o melhor álbum de todos!"

Andrea balançou a cabeça, revirou os olhos e começou a sair.

"Mãe?", Taylor a chamou.

Andrea parou e olhou de novo para o quarto. "Sim...?"

"Isso confirma: eu amo música country!", disse Taylor.

Alguns meses depois, Scott Swift comprou uma mansão em Wyomissing Hills, mais perto da escola de Taylor, e a família se mudou da fazenda de cultivo de árvores de Natal. A casa nova tinha três andares e uma piscina coberta. Taylor ficou com o terceiro andar inteiro.

Ela parou na porta, segurando seu violão, e olhou para seu quarto sem sair do lugar. Sua mãe veio atrás dela e colocou as mãos em seus ombros. "É todo seu, Tay", disse ela. "Você pode tocar sua música tão alto quanto quiser."

Taylor conteve suas lágrimas. Era como um sonho se tornando realidade.

9

Anova casa em Grandview era realmente grande. Tinha três andares e era uma restauração clássica feita em tijolo vermelho. Tinha um telhado bem inclinado com três terraços projetados para o lado da estrada, com uma janela em cada um deles. Assim era o terceiro andar, que pertencia a Taylor. A mudança para essa grande casa em Wyomissing Hills era a recompensa pelo trabalho árduo de Scott Swift e de sua família em crescimento. A vizinhança não podia ser melhor, e a mansão tinha uma vista espetacular da paisagem rural da Pensilvânia, em todas as direções.

Além disso, a casa era perto da West Reading Elementary School, a nova escola de Taylor.

A West Reading Elementary School ficava na Chestnut Street, a dez minutos de carro da nova casa. O prédio mais proeminente tinha dois andares e era feito todo de tijolo vermelho, e tinha um subsolo. A professora de Taylor no quinto ano era a sra. Boyer, que vestia roupas bonitas e não usava maquiagem. Ela tinha olhos azuis e cabelo ruivo de comprimento médio. Algumas semanas depois do início do semestre, durante a parte do dia dedicada à literatura, a sra. Boyer escreveu as palavras "Concurso de Poesia da Creative Communication". Quando ela terminou de escrever, colocou um ponto final com força no fim da frase no quadro-negro usando seu giz. Ela se virou para a turma e esfregou o pó de giz em suas mãos. "A Creative Communication é uma organização em Utah. Ela realiza, todos os anos, um concurso para alunos do quinto e do sexto anos", disse a professora. "São escolhidos os dez melhores poemas de todo o país em cada série e eles são publicados em um grande livro de poemas. Quem sabe definir o que é um poema?"

Taylor levantou a mão.

"Taylor?"

Ela sabia o que significava um poema. Afinal de contas, já tinha escrito um livro inteiro de poesia. "Um poema é a combinação perfeita das palavras, com a quantidade perfeita de sílabas e a rima perfeita, que faz com que ele salte da página", ela respondeu sem hesitar.

A classe ficou totalmente em silêncio. Os alunos se surpreenderam com sua resposta e Taylor se surpreendeu com o silêncio. Eles não entenderam? Ela ficou confusa.

A sra. Boyer ficou impressionada. "Hum", ela disse procurando as palavras certas. Não esperava uma resposta tão perceptiva. "S-sim, suponho que essa seja uma boa definição para um poema", disse ela. "Mas nunca ouvi alguém descrevê-lo assim."

"Como *você* o descreveria, sra. Boyer?", perguntou Taylor.

"Bem", respondeu a sra. Boyer tentando organizar seus pensamentos. "O dicionário define o poema como uma 'composição escrita que expressa emoções, experiências e ideias'", ela falou sem se lembrar do restante, então pegou rapidamente seu dicionário e o abriu na página certa. "'Especialmente em pequenos versos, usando palavras que rimam'", ela continuou a ler, terminando de passar a definição do livro. Ela desviou o olhar e fechou o livro. "Eu gosto mais da sua definição", ela disse.

Taylor abriu um sorriso.

"Na verdade, foi completamente renovadora."

O coração de Taylor ficou acelerado. "Muito obrigada", ela respondeu.

"Acredito que você esteja interessada em participar do concurso, certo?"

Taylor sorriu. "Sim!" Ela sabia qual poema queria inscrever assim que a sra. Boyer anunciou o concurso. "Acho que eu tenho o poema perfeito para isso."

Algumas crianças da sala suspiraram. Elas a achavam arrogante.

Na manhã seguinte, Taylor já estava na mesa da cozinha comendo uma tigela de cereal quando sua mãe e seu pai desceram para o café da manhã. "Bom dia!", ela falou.

Sua saudação os animou.

"Acho que vou inscrever a mais engenhosa", ela disse continuando a comer.

Scott sentou-se à mesa. "Nós deveríamos saber sobre o que você está falando?", ele perguntou.

"O concurso de poesia, sr. Swift", Andrea disse começando a tomar o café. "Siga a orientação."

"Eu não quero passar algo tão sombrio para eles", disse Taylor.

"Você não quer passar algo tão sombrio para *quem*?", perguntou Scott.

"Para os julgadores do concurso de poesia, bobinho!", respondeu Taylor. "Eu tenho muitas coisas obscuras, mas esta é engraçada. Acredito que eles vão gostar."

Taylor estava com seu livro de poesias na mesa e ela o abriu em uma página marcada. "Demorou uma eternidade para que eu conseguisse a combinação perfeita de palavras com a quantidade correta de sílabas", ela disse, encontrando o poema que inscreveria no concurso.

Uma hora depois, a sra. Boyer estava na frente da turma fazendo a chamada. Quando ela terminou, colocou o caderno de presença na mesa e virou para a classe. "Quem trouxe um poema para participar do concurso?"

Ela olhou em volta da sala.

Ninguém levantou a mão.

Taylor foi a única. Ela levantou a mão lentamente.

"Taylor?", a sra. Boyer disse com um grande sorriso. "Você gostaria de se levantar e lê-lo para nós?"

"Sim, senhora", Taylor respondeu e caminhou pelo corredor até a frente, enquanto alguns garotos reclamavam.

10

Taylor estava sentada do lado de fora da sala lendo *O Sol é para Todos*, de Harper Lee, pela segunda vez, esperando a aula começar. Sua professora, a sra. Boyer, apressou-se e pegou a escada pulando os degraus de dois em dois, aproximando-se de Taylor quando chegou à porta da sala de aula. "Eu tenho uma surpresa para você, Taylor", ela disse entrando.

A sala de aula estava vazia, exceto pela sra. Boyer, porque ainda faltavam alguns minutos para os alunos chegarem. Taylor sempre chegava cedo.

A sra. Boyer segurava um envelope da Creative Communication, em Logan, Utah. Eram os organizadores do concurso de poesia. Havia se passado aproximadamente um mês desde que ela havia inscrito o poema de Taylor. Era um poema curto e engraçado sobre um monstro em seu armário, Taylor explicou para a turma. Ela disse que era baseado em sua vida. Taylor explicou para a sra. Boyer por que ela achava que esse seria o melhor poema para ser inscrito: ele era diferente do que os organizadores do concurso esperavam. Ele seria único, e é assim que alguém se destaca, Taylor falou para a professora. A sra. Boyer nunca tinha tido uma aluna do quinto ano parecida com Taylor.

Quando a aula começou, a sra. Boyer foi para a frente da sala e balançou a carta como se fosse um envelope anunciando um vencedor do Oscar. "Eu tenho uma carta aqui", disse a sra. Boyer. "Uma carta da Creative Communication, em Logan, Utah."

Ninguém reagiu na sala. Os alunos não tinham ideia do que ela estava falando, porque ninguém tinha se dado ao trabalho de inscrever um poema de autoria própria. Ninguém, exceto Taylor Alison Swift.

"Taylor?", a sra. Boyer continuou. "Você pode vir até aqui, por favor?"

Taylor sentiu como se seu peito fosse explodir, pois seu coração estava batendo muito rápido. Apesar de alguns alunos reclamarem e, como de costume, revirarem os olhos, Taylor correu para a frente da sala. Ela queria caminhar devagar, como uma dama, mas suas pernas eram longas e ela estava tão empolgada que não conseguia se conter.

"Taylor, quero parabenizá-la. Você ganhou o concurso anual nacional de poesia da Creative Communication na categoria do quinto ano, pelo seu poema 'Monster in My Closet'!"

Houve um longo silêncio ensurdecedor na sala de aula e o coração de Taylor sumiu. Os outros alunos iriam odiá-la por isso? Ela não teve que esperar muito tempo, porque, instantes depois, a classe toda comemorou e aplaudiu.

A sra. Boyer lhe entregou a carta enquanto falava para a sala toda ouvir: "Seu poema será publicado na antologia anual de poesia! Parabéns, Taylor Swift! Você é oficialmente uma poetisa com um poema publicado!".

Taylor permaneceu na frente da sala sem acreditar, com seus joelhos batendo de tão nervosa que estava, enquanto seus colegas a aplaudiam. Até mesmo os meninos! Ela conteve as lágrimas. Era uma poetisa! Os alunos nunca tinham reagido dessa forma antes. Quando estava voltando para o seu lugar, um dos garotos até colocou sua mão para o alto para ela bater na mão dele. "Muito legal, Tay", disse ele.

O rosto de Taylor ficou corado e ela se sentou rapidamente. Ela nunca tinha pensando de verdade a respeito de garotos, exceto como seres que tiravam sarro dela e muitas vezes eram incômodos. Nenhum garoto jamais a tinha cumprimentado, exceto seu pai.

Algumas semanas depois, Andrea colocou uma pilha do jornal *The Reading Eagle* na mesa da cozinha. "Eu comprei todas as cópias que eles tinham", ela falou para Taylor, que já estava na mesa comendo um lanche depois da escola.

"Uau!", Taylor disse e pegou uma cópia do jornal. Na página da frente tinha um pequeno artigo sobre sua vitória no concurso de poesia. A manchete dizia tudo: "Dois Alunos de Berks Premiados em Concurso Estadual de Poesia". Tinha uma foto de Taylor com o cabelo trançado e uma foto da outra pessoa que ganhou na Pensilvânia.

Taylor devorou o artigo e depois algo na página chamou sua atenção. Ela leu uma coisa. "Incrível!"

"Sim, você é incrível, querida", Andrea concordou.

"Não, não eu", respondeu Taylor. "Olhe!", ela falou apontando para uma propaganda na mesma página.

Andrea observou a página e viu uma propaganda da Berks County Youth Theatre Academy. Depois, ela começou a ler.

O grupo de teatro estava fazendo audições abertas para sua nova peça, *Annie*. Ela desviou o olhar e Taylor observou-a ansiosamente.

"O que você acha?", perguntou Taylor. "Eles produzem três peças por ano!"

Andrea ainda estava confusa. "O que você quer, Tay?"

"Eu quero participar da audição!", Taylor exclamou novamente. "Por favor, me leve!"

Andrea olhou admirada para a filha. "Você é igualzinha à sua avó", ela falou. "Você realmente quer subir no palco na frente de um monte de pessoas desconhecidas e atuar e cantar?"

"Mais do que tudo", Taylor respondeu.

A Berks County Youth Theatre Academy ficava em um município vizinho chamado Temple, na Pensilvânia, na Kutztown Road. Era uma construção de ladrilho de dois andares com um porão e janelas de sótão na direção da rua, porta dupla e toldos cobrindo as janelas. Quando Taylor entrou pela porta da frente, as audições já estavam sendo realizadas. Andrea ficou no fundo da sala e Taylor achou um lugar vazio ao lado de uma garota alta chamada Kaylin Politzer. Elas imediatamente começaram a conversar e descobriram que frequentavam a mesma escola. Kaylin apontou para sua mãe no fundo da sala e, quando Taylor se virou para olhar, viu que sua mãe estava conversando com a mãe de Kaylin.

"Olhe, as duas garotas altas se encontraram", disse uma mãe que estava ao lado de Andrea no fundo da sala. Ela se apresentou como sendo a sra. Politzer. "Mãe de Kaylin", disse ela.

"Kaylin?", perguntou Andrea.

"A garota ao lado de sua filha. Ela é sua filha, certo? Eu vi vocês entrando juntas. A propósito, ela é muito bonita", disse a sra. Politzer. "Ela sabe cantar?"

"Como um pássaro", Andrea disse orgulhosa. "Você já fez isso antes?"

"A Kay está na BYTA há aproximadamente um ano", respondeu ela.

"Bite-a?", perguntou Andrea.

"É assim que a chamamos aqui. B-Y-T-A. Berks County Youth Theatre Academy. É um nome comprido, então resolvemos abreviá-lo para não perder o fôlego quando o pronunciamos."

Andrea deu risada. Ela gostou da mãe de Kaylin. "Algum conselho?"

A sra. Politzer observou o diretor, Kirk Cremer, chamar Kaylin pelo nome e ela se levantou e entrou em uma porta aberta para a sala seguinte. Cremer tinha 20 e tantos anos, seus cabelos eram finos e seu sorriso brilhante. A sra. Politzer se virou para Andrea. "Impressioná-lo", ela disse indicando Kirk Cremer.

"Quem é ele?", perguntou Andrea.

"O diretor."

11

Taylor esperou ansiosamente ser chamada para a sua audição. Kaylin tinha sido chamada e entrou por uma porta. Taylor sabia que as pessoas que decidiriam quem participaria da peça e quem seria dispensado estavam atrás da porta, e ela foi ficando nervosa. Ela nunca tinha feito uma audição para uma peça antes, exceto para as peças de Natal que ela apresentou na escola. Mas agora isso era profissional.

A porta parecia como a do armário em todos os seus quartos, apenas um pouco aberta.

Pouco tempo depois, Kaylin saiu, caminhou até sua cadeira e se jogou ao lado de Taylor. "Ufa, que bom que acabou."

As mãos de Taylor começaram a tremer e ela se sentou em cima delas.

Kaylin olhou para as mãos escondidas de Taylor e depois para seus olhos. "Você e eu somos diferentes", ela falou baixinho.

"Shhh", Taylor disse da forma mais educada possível. "Não fale tão alto", ela sussurrou.

"Não se preocupe. É permitido conversar aqui. Já participo há mais ou menos um ano. Esta é a minha quarta peça."

"Então, você conseguiu?", perguntou Taylor.

Kaylin apenas sorriu.

Taylor tentou sorrir com os lábios cerrados, mas estava definitivamente nervosa. Ela sabia que isso significava que queria muito conseguir.

"Esta peça tem um elenco grande; portanto, não se preocupe. Todos nós vamos conseguir um papel. Se *eu* posso, todo mundo também pode."

"Taylor Swift", disse a voz e a porta se abriu. Era Kirk Cremer.

Taylor se levantou.

"É a sua vez", Kaylin disse e pegou em sua mão. "Diferentes, lembre-se disso."

"*Por que* você acha que somos diferentes?", Taylor sussurrou.

"Altas? Desajeitadas? Estamos aqui em vez de estarmos assistindo a reality shows", respondeu Kaylin. "Estamos aqui porque não somos como o restante."

Taylor deu risada. Ela gostou de Kaylin. Ela era engraçada. Taylor olhou para a porta que estava aberta para ela entrar e se acalmou. Ela andou pelo corredor e passou pela porta aberta. Logo depois, a porta se fechou.

Kaylin conseguiu o papel de Pepper, uma das amigas da pequena órfã Annie, e Taylor foi escalada como uma "órfã figurante", outra das amigas de Annie. Ela interpretou a personagem diante de uma mesa com três pessoas sentadas: o diretor Kirk Cremer e seus assistentes da academia de teatro. Quando ela terminou de cantar, todos na mesa aplaudiram. "Você tem uma voz linda, Taylor. Eu quero trabalhar com você", o diretor falou para ela. "Eu não sou apenas diretor, também sou professor de canto."

"Professor de canto? Você pode me ajudar a cantar?", Taylor perguntou.

"Eu posso ajudar a tirar esse tom nasalado sulista", ele respondeu. "Os órfãos nesta peça são das ruas de Nova York, não dos subúrbios de Nashville."

Taylor ficou corada. "Desculpe, senhor, eu escuto muito LeAnn Rimes e Dixie Chicks", disse a menina de 10 anos. "Eu acho que acabei pegando isso."

Kirk deu risada. "Não se preocupe", ele respondeu. "Eu posso consertar."

Taylor sorriu de volta e o olhou nos olhos. "Eu não estou preocupada." Ela permaneceu assim por um momento para deixar isso registrado e depois o agradeceu e saiu. Quando ela estava virada de costas para eles, abriu um grande sorriso. Ela tinha conseguido. Quando voltou para a sala de espera, fez sinal positivo com as duas mãos para Kaylin.

Na primeira vez em que Taylor subiu no palco, interpretando uma "órfã figurante", ela era mais alta do que o restante das garotas e Kirk Cremer não conseguia tirar os olhos dela. Ela comandou o palco e fez um trabalho fantástico. Sua voz se sobressaía do restante. Ele não estava esperando isso da garota recém-chegada.

Depois da temporada de apresentações que durou um mês, a BYTA realizou uma festa de encerramento, que incluía comida, bebida, amigos e uma máquina de karaoke. Taylor e Kaylin foram juntas, acompanhadas de Scott e Andrea Swift. As meninas dançaram juntas na primeira parte da noite, até que "There's Your Trouble", das Dixie Chicks, começou a tocar na máquina de karaoke e ninguém pegou o microfone.

Taylor reparou na música começando a tocar e não conseguiu resistir. "Eu já volto", ela disse para Kaylin e correu para o palco.

Kaylin ficou com os olhos arregalados quando viu sua melhor amiga indo para o palco e segurando o microfone assim que a música começou. "Esta é uma música do álbum *Wide Open Spaces*, das Dixie Chicks, e se chama 'There's Your Trouble'", ela falou no microfone, apresentando a canção. Depois, entrou na música perfeitamente e cantou bem forte.

Kirk Cremer estava no meio da pista e parou de dançar quando escutou Taylor cantando perfeitamente. Uma mulher mais velha foi até Kirk e sussurrou no seu ouvido: "Você tinha noção disso?". Era a mãe de Kirk. Ela se chamava Sandy Wieder e trabalhava na indústria do entretenimento, contratando e representando os artistas.

"Noção de que, mãe?", Kirk perguntou.

"De que ela cantava música country?"

"Sim", ele respondeu sem conseguir tirar os olhos de Taylor enquanto ela cantava.

11

Todos os convidados da festa pararam o que estavam fazendo para ouvi-la cantar.

"Tenho tentado me livrar de seu sotaque sulista há meses."

"Não faça isso, pelo amor de Deus", disse Sandy. "Ela é perfeita." Sandy saiu e deixou Kirk pensando a respeito disso.

Alguns meses depois, Taylor estava na fila perto da mesa já conhecida e esperava sua vez para se inscrever em uma audição para um papel na peça seguinte da BYTA, *A Noviça Rebelde*. Quando chegou a sua vez, Taylor caminhou até a mesa onde Kirk Cremer e sua equipe estavam, sem sentir medo.

Kirk olhou para cima e sorriu quando viu que era Taylor. "Bem-vinda de volta, Tay. Qual personagem você vai interpretar?"

"Eu não preciso interpretar, sr. Cremer. Eu só quero fazer parte do coral novamente", disse ela. "Ou ser uma das crianças, sabe."

Kirk sorriu educadamente. "Acho que não", ele respondeu.

Taylor ficou em choque. "Mas eu pensei que você tivesse *gostado* da minha participação em *Annie*..." Por um segundo, ela acreditou que mesmo com todos dizendo que ela tinha feito um ótimo trabalho, eles estavam mentindo e ela na verdade era péssima.

"Você fez um ótimo trabalho em *Annie*", Kirk respondeu entregando a ela as páginas de *A Noviça Rebelde*. Essas páginas avulsas eram para um determinado personagem, separadas de forma que os atores pudessem decorar as frases. "É por isso que eu quero que interprete o papel de Maria", ele falou.

Taylor permaneceu imóvel por uma eternidade, sem entender direito o que ele tinha acabado de dizer. "M-Maria?!" Taylor estava em choque. "Mas... mas... Maria é a *protagonista*!"

Kirk sorriu. "É isso mesmo, Tay", disse ele. "Eu quero que você interprete a protagonista."

12

Taylor interpretou o papel de Maria, assim como Kirk Cremer tinha pedido, e ela fez um trabalho tão espetacular que ele a escalou imediatamente. Fazer a audição com o restante das garotas que se inscreveram para o papel era apenas uma formalidade na cabeça dele. Kirk acreditava que Taylor era perfeita para o papel: ela era alta e comandava o palco sempre que subia nele. Ele não imaginava mais ninguém como ela no papel. Sua voz era brilhante e teria todo o alcance necessário para o papel de Maria. Além disso, era quase como se a vida de Taylor coincidisse com a vida de Maria, uma mulher que buscava a paz na igreja e acabou descobrindo uma paixão pela música e um amor verdadeiro em seu caminho. Taylor identificou-se completamente com o papel e foi bem-sucedida na audição.

Algumas semanas depois de conseguir o papel, Taylor, na época com 10 anos de idade, colocou Shania Twain para tocar no volume máximo no rádio de seu quarto. Afinal de contas, sua mãe tinha lhe dito que ela poderia colocar sua música para ouvir tão alto quanto quisesse. Sua melhor amiga, Kaylin, estava com ela, e elas tinham fechado todas as portas, incluindo a do armário. Kaylin estava sentada à mesa com o roteiro de *A Noviça Rebelde* e um folheto de propaganda anunciando-a como a próxima peça da BYTA.

Taylor ficou perto do rádio observando a expressão de Kaylin enquanto as duas escutavam a canção. "Isso que é *country*!", ela gritou por cima da música. "Você não acha?"

Kaylin não respondeu. Ela estava distraída com uma coisa que tinha acabado de ler no folheto que estava na mesa à sua frente. Ela respirou fundo e o apontou com firmeza. "Meu Deus! A peça estreia em uma sexta-feira 13!", disse Kaylin. Ela se levantou e caminhou em volta da mesa. "Isso não traz azar?!"

"Quem disse?"

"Todo mundo!"

"Não para mim", respondeu Taylor.

Kaylin olhou para ela incrédula. "Você não está preocupada?", perguntou.

Taylor deu risada. "Por que eu deveria estar? Treze é o meu número da sorte", ela respondeu. "O fato de nossa peça estrear na sexta-feira 13 comprova isso!"

Kaylin sorriu. "Certo, você ganhou. Vamos repassar nossas partes." Ela se jogou na cama ao lado de Taylor enquanto elas escutavam Faith Hill no rádio.

Duas semanas depois, Taylor estava no centro do palco vestida de Maria, curvando-se sozinha em agradecimento pela sua performance em *A Noviça Rebelde*. O público estava aos seus pés, aplaudindo. Ela teve sucesso em sua primeira apresentação e fez um ótimo trabalho. A personagem de Maria despertou uma paixão pela música nas crianças Von Trapp e, por sua vez, em Taylor. Sua avó estava na plateia e seus olhos se cruzaram. Foi sua avó, Marjorie, a cantora de ópera, que despertou nela uma paixão pela música. Para Taylor, a apresentação tornou-se muito real e isso transpareceu quando ela deixou o palco.

Kirk Cremer estava esperando por ela com os braços abertos. "Você é brilhante!"

"Muito obrigada", Taylor exclamou de volta.

Ele a abraçou e depois lhe entregou um buquê de rosas.

Kaylin estava lá e a abraçou também. "Você foi incrível!"

Taylor a abraçou de volta.

"Você se lembra de que eu falei que daríamos uma chance para outra pessoa interpretar Maria em duas das apresentações do fim de semana?", Kirk perguntou.

A plateia ainda estava aplaudindo.

"Sim", respondeu Taylor.

Kirk a virou e a levou novamente para o palco, para receber os aplausos. "Esqueça isso!", ele gritou para ela.

Do centro do palco, ela olhou para ele nos bastidores e sorriu.

"Não tem nenhuma outra Maria além de você, Tay!", Kirk gritou para ela dos bastidores.

Taylor ficou emocionada. Ela nunca tinha se sentido tão feliz em toda a sua vida.

Mas sua felicidade passou rápido.

Na última apresentação da temporada, Kaylin perdeu seu momento de entrar e Taylor ficou sozinha no palco, sem ninguém para completar o diálogo. Ela teve que improvisar. Taylor sabia a fala das duas personagens e conseguiu se apresentar sem que ninguém percebesse o que tinha acontecido, mas depois da peça ela ficou extremamente triste.

Kirk Cremer não sabia o que tinha acontecido e culpou Taylor por tudo injustamente.

Ela não conseguia acreditar que ele a estava culpando. "Kaylin perdeu o momento de entrar", Taylor explicou para Kirk. "Você não percebeu?"

Kirk não mexeu nenhum músculo. Ela estava certa? Ele não tinha percebido.

Taylor passou irritada por ele e foi embora, e ele a observou ir. "A-acho que não."

Ela encontrou Kaylin nos bastidores, ficando atônita perto da mesa onde a amiga estava jogando cartas. "Eu sinto muito", Kaylin se desculpou. "Perdi a noção do tempo."

Taylor a olhou furiosa. "Ele me culpou", ela disse e depois virou e foi embora.

Mais tarde naquela noite, na festa de encerramento da peça *A Noviça Rebelde*, Taylor não se conteve na máquina de karaoke e cantou uma versão comovente de "Hopelessly Devoted", de *Grease*, o musical de grande sucesso na Broadway. Essa canção foi originalmente interpretada por Olivia Newton-John. Era uma de suas músicas favoritas e, depois de cantar por três semanas "Do-Re-Mi" e "The Hills Are Alive with the Sound of Music", ela queria mostrar que podia cantar música pop.

Kirk sentou-se em uma mesa com sua mãe, Sandy, e escutou atentamente.

"Garota esperta", disse Sandy. "Cantando uma música de nossa próxima peça. Como ela ficou sabendo?"

"Eu contei para ela", Kirk respondeu. "Mas, como você mesma disse, ela é uma garota esperta."

"O que você quer dizer?", Sandy perguntou.

"Ela escuta bem e deve ter nos ouvido conversando, porque, quando eu contei, ela já sabia", Kirk disse e Sandy deu risada.

Taylor ainda não tinha terminado sua apresentação. Depois dos aplausos, "You're So Vain", de Carly Simon, começou a tocar e Taylor a cantou bem alto, diretamente para Kirk.

Kirk sentiu-se desconfortável. Sabia que ela ainda estava com raiva por ele tê-la culpado quando Kaylin perdeu o momento de entrar. Ela estava certa. Ele não estava prestando atenção. Ele deveria estar atento, mas não estava. Não era culpa de Taylor *ou* de Kaylin. Era sua culpa.

Alguns meses depois, *Grease* tornou-se a peça seguinte da BYTA naquele ano e Kirk deu o papel principal de Sandy para Taylor. A maioria diz que era porque ela estava anos-luz na frente da competição na academia. Alguns dizem que era porque a mãe de Kirk, também chamada Sandy, o convenceu.

Algumas das outras crianças na companhia e seus pais não ficaram nada satisfeitas com o fato de que mais uma vez a garota alta, loira e rica conseguiu o papel. Para Taylor, ela era perfeita para o papel, pois seu amor pela música era mais próximo do pop e do rock do que da Broadway.

13

No fim de semana antes da estreia de *Grease*, Taylor passou a noite na casa de Kaylin. Suas coisas estavam todas em uma mala de mão. Ela pegou sua escova de dente e seu salto alto e foi para o banheiro. "Licença", ela disse tropeçando no salto alto. "A prática leva à perfeição."

Kaylin deu risada enquanto Taylor cambaleava para dentro do banheiro e fechava a porta. "Sempre no personagem!", ela gritou para sua amiga. Então, ela viu o diário de Taylor sobre uma pilha de roupas na mala de mão, que estava em cima de sua cama. Ela se apressou até a ponta da cama e pegou o diário.

Quando Taylor saiu do banheiro, Kaylin estava deitada na cama. "Eu não sabia que você sentia inveja de mim", disse ela.

Taylor parou no meio do caminho. "Como você sabe disso?" Então, ela olhou para sua mala de mão, na qual estava o seu diário. "Meu Deus! Você leu o meu diário!"

Ela avançou até a cama e pulou nela, imobilizando Kaylin. "Peça desculpas, sua traidora!"

As duas garotas começaram a rir descontroladamente.

"Me desculpe! Ai! Isso dói!", gritou Kaylin.

"Você merece! Isso era particular!"

"Então, por que você deixou em cima das suas coisas?"

Taylor sorriu para sua amiga. "Eu não tenho segredos para esconder de você", ela disse e a abraçou. "Eu escrevi isso porque Kirk deixou passar quando você esqueceu seu momento de entrar e ele me culpou. Eu achei que ele gostava mais de você. Foi só isso", disse ela.

Kaylin deu risada. "De qualquer forma, você estava certa. Eu deveria ter te defendido. Peço desculpas por causar essa confusão. Foi tudo culpa minha."

"Sério?! Mas já passou."

"Você ainda acha que eu sou melhor do que você?", Kaylin perguntou.

Taylor pensou nisso e deu risada. "De jeito nenhum! Eu sou muito melhor do que você!"

As garotas riram.

Grease foi outro grande sucesso, graças a Taylor e Kaylin, e as famílias Swift e Politzer tornaram-se grandes amigas. A festa de encerramento também fez sucesso quando Taylor subiu no palco. Todos pararam o que estavam fazendo para ouvi-la cantar. Ela cantou bem alto a música "Timber, I'm Falling in Love", que ficou famosa na voz da cantora country Patty Loveless. O público foi à loucura e, quando ela saiu do palco, o diretor da BYTA, Kirk Cremer, e a mãe dele, Sandy Wieder, estavam esperando por ela.

"Um clássico, Tay! Um verdadeiro clássico", disse Sandy emocionada.

"Obrigada", Taylor respondeu abanando o rosto para secá-lo.

"Eu quero ser seu representante artístico", Kirk disse inesperadamente.

Taylor ficou surpresa. "Meu representante artístico?" Ela não sabia direito o que isso significava.

Andrea Swift, que estava por perto com seu marido, ouviu o que Kirk disse e se aproximou deles.

"Ele quer ser o seu agente, querida", disse Andrea.

"Na verdade, eu estava pensando em ser seu empresário", Kirk corrigiu.

"Sério?!", ela comentou emocionada. "Isso é demais!"

"Sim, e eu tenho algumas ótimas ideias! Vou colocá-la nos palcos", Kirk exclamou.

A primeira apresentação de Taylor como cantora foi interessante. Interessante e inesperada. A sala estava repleta de escoteiros em torno do palco do auditório, todos esperando que Taylor cantasse "The Star-Spangled Banner", o hino nacional dos Estados Unidos. Taylor posicionou-se atrás do microfone no palco do auditório da escola e começou a cantar. Todos os garotos prestaram continência ao mesmo tempo.

No fundo do auditório, Andrea e Scott Swift estavam ao lado de Sandy Wieder, com a mão sobre o peito. Scott e Andrea ficaram surpresos pelo fato de a grande estreia de Taylor acontecer em uma reunião de escoteiros. Sandy movimentou-se sentindo-se desconfortável. "Bem, é um começo", ela sussurrou.

Andrea sorriu para ela de forma educada e assentiu com a cabeça, depois deu uma piscada para seu marido. "É preciso começar de algum lugar", ela disse de maneira irônica.

Os pais de Taylor deram risada.

Quando Taylor terminou de cantar, todos os escoteiros, líderes e pais a aplaudiram bem forte. Ela fechou os olhos, sorriu e se curvou em agradecimento.

14

Taylor segurou a última nota de "One Way Ticket", de LeAnn Rimes, pelo máximo de tempo que já havia conseguido, e as adolescentes ricas no shopping The King of Prussia Mall foram à loucura. Ela se curvou em agradecimento, saltou do palco e foi imediatamente cercada por todas as adolescentes. Ela as cumprimentou alegremente, apertou suas mãos e as abraçou até Kirk aparecer, jogar um casaco em seus ombros e retirá-la para o estacionamento no subsolo. "Eu só queria conhecer as garotas!", Taylor gritou olhando para trás, em direção a elas. "Elas querem me conhecer!"

"Não temos tempo", disse Kirk. "Nós temos que fazer mais uma parada. Eu prometi à sua mãe que a levaria para casa no começo da noite. Você vai para o litoral de Nova Jersey."

"Mas eu não quero ir!", implorou Taylor. "Quero ficar aqui. E cantar! Eu estou fazendo sucesso! Não quero dar uma pausa!"

Kirk deu risada. "Sucesso? Pausa? De onde você está tirando tudo isso?", ele perguntou abrindo a porta do passageiro.

Taylor começou a entrar e depois se virou novamente para ele. "Aprendi com você", ela respondeu.

Ele deu risada.

"Este será o pior verão da minha vida!", ela disse no banco de trás.

"Por que será o seu pior verão?", Kirk perguntou. "Estamos indo para o Roadhouse. É a última noite da competição. Se você ganhar, vai abrir o show de Charlie Daniels na feira country em setembro."

Taylor cantou no karaoke do Roadhouse durante alguns meses. Era o verão de 2001 e ela tinha quase 12 anos de idade.

Pat Garrett, o proprietário do local, era um cantor de música country, e ela era uma grande fã de sua música. "Além disso, Kaylin e a família dela vão para Stone Harbor com vocês."

Os olhos de Taylor se arregalaram com entusiasmo. "A Kaylin vai?!" Ela gostava de toda a família Politzer.

"É verão. Depois desta noite no Roadhouse, faça uma pausa. Divirta-se um pouco", disse Kirk. "Mas não se esqueça de usar protetor solar."

Taylor pensou sobre isso por um momento. "Talvez eu vá", ela disse, tentando permanecer indiferente, mas por dentro estava quase explodindo de emoção.

Uma hora depois, Taylor saiu do palco do anfiteatro do Roadhouse, de Pat Garrett, recebendo fortes aplausos.

Kirk estava esperando por ela nos bastidores e a abraçou. "Você fez um ótimo trabalho! Está ouvindo isso?", ele falou para ela. Os aplausos continuaram mesmo enquanto ele a levava para seu carro no estacionamento.

"Eu acho que consegui", Taylor comentou.

Kirk abriu um sorriso. "Eu acho que você está certa!", ele falou abrindo a porta do carro para ela. "Ligarei para você em Stone Harbor e avisarei se você ganhou ou não."

"Ligue, mesmo se eu tiver perdido", ela disse entrando no carro. "Se for uma notícia ruim, eu quero ouvi-la de você."

"Está bem", Kirk respondeu e saiu dirigindo.

Algumas horas depois, as famílias Politzer e Swift viajaram por duas horas e meia até Stone Harbor, na costa de Nova Jersey. Kaylin e Taylor foram juntas e conversaram o tempo todo sobre a indústria do entretenimento e a arte dramática.

O clima estava perfeito em Stone Harbor e a nova casa da família Swift na 112th Street, de frente para um santuário de pássaros, era grande, convidativa e tinha quartos o suficiente para acomodar as duas famílias. Cary, o irmão de Kaylin, fez companhia para Austin e os dois garotos planejaram morar na praia. Os adultos planejaram passar o verão andando de jet ski e tomando sol.

Na manhã seguinte, antes de os adultos ou os garotos acordarem, Taylor estava de pé, olhando-se no espelho. Seu cabelo loiro estava todo frisado e ela não estava contente. "Ah, não!", disse ela.

Kaylin interveio, preocupada: "O que aconteceu?".

Taylor pegou algumas mechas de seu cabelo. "Olhe! Ele sempre estraga no mar".

"Mas nós ainda nem entramos na água", Kaylin respondeu.

"É por causa da maresia. Ele fica cheio de frizz", disse Taylor fazendo cara feia. Em seguida, ela olhou para seu braço. "E olhe a minha pele! Ela está toda ressecada e rachada." Taylor saiu de frente do espelho e, quando passou por uma janela, avistou algo do lado de fora e parou bruscamente. "Espere um pouco", ela disse, concentrando-se em seus pensamentos.

"O que você viu? Um garoto?", Kaylin brincou. "O santuário de pássaros?"

Taylor deu risada. "Não, olhe", ela disse, apontando para o terreno desocupado a menos de cem metros na rua.

Kaylin olhou. Tinha um grande terreno coberto com flores silvestres que estavam crescendo. "Sim? Flores? E daí? Elas estão por toda a parte. São lindas."

"E o cheiro delas é bom. Você sabe qual é o nosso problema? Precisamos de uma loção especial para a nossa pele. Pele feliz, cabelo feliz. Ela tem que ser criada para este ambiente."

"Para o litoral de Nova Jersey, você quer dizer? Será que nossas mães deixariam a gente sair para comprar uma na cidade?"

"Não, não é isso que quero dizer", disse Taylor. "Nós deveríamos fazer a nossa própria loção, com as flores que crescem aqui em Stone Harbor. Seria como parte do ecossistema ou algo assim, entendeu?"

"Não exatamente", respondeu Kaylin.

"Olhe. Se as flores crescem aqui e fizermos a loção da maneira correta, essa loção irá solucionar o frizz e o problema da pele ressecada, porque ela fará parte deste ambiente."

Kaylin inclinou a cabeça. "Eu nunca pensei nisso antes", ela comentou. "Mas faz sentido."

Taylor virou-se da janela. "Eu acho que devemos começar um negócio."

"O que vamos vender? Defrisantes?", Kaylin perguntou.

"Sim! Xampu e loção", ela respondeu e depois olhou pela janela, fazendo um sinal afirmativo com a cabeça diante do terreno desocupado na estrada. "Produzidos com as flores. Tudo natural."

A névoa encobria a água enquanto Taylor e Kaylin caminhavam pela avenida paralela ao mar. As grandes casas pareciam estar flutuando nas nuvens. Taylor levava uma sacola pendurada no ombro e as duas carregavam tesouras de poda. "Para obter a melhor fragrância, é preciso colhê-las logo de manhã", disse Taylor.

"Onde você ouviu isso?", perguntou Kaylin.

"Na HGTV", respondeu Taylor.

Elas alcançaram rapidamente o terreno desocupado, que resplandecia como um arco-íris gigante e retangular, coberto de flores silvestres. "Uau", disse Kaylin. "Tem diferença a cor que iremos escolher?"

"Eu não sei", respondeu Taylor. "Meu pai queria assistir ao golfe, então eu tive que mudar de canal". Ela deu de ombros. "Vamos colher todas. Se o cheiro for bom, pegue", ela disse e começou a podar as flores silvestres com sua tesoura e a colocá-las na sacola. "Minha mãe tem um pilão na cozinha que ela usa para moer especiarias." Taylor começou a cantar "Spice Up Your Life", das Spice Girls, e dançou em volta das flores. Kaylin pegou a sacola e a ficou segurando enquanto sua melhor amiga doidinha a enchia com flores silvestres, cantando e dançando ao som da batida em sua mente.

Uma hora depois, Taylor esvaziou a sacola cheia de flores silvestres na bancada de granito da cozinha, ao mesmo tempo em que Andrea descia relaxada e com os olhos semicerrados de sono. "Bom di...", ela disse interrompendo a frase quando viu a enorme pilha de flores silvestres na ilha central da cozinha. Andrea lançou um olhar para Taylor e Kaylin. Ela estava determinada a não se preocupar com o fato de sua filha constantemente surgir com planos malucos. Então, ela apenas sorriu.

"Nós vamos abrir um negócio", disse Taylor, começando a cortar as flores e a moê-las no grande pilão de pedra.

"Um negócio. Bem, parece ser uma boa ideia. Vocês já têm um nome para a empresa?"

"Nós pensamos em chamá-la de 'Heaven Scent'", respondeu Taylor. "S-c-e-n-t, entendeu?"

Andrea assentiu com a cabeça. "Um ótimo nome", comentou. Ela parou por um tempo suficiente para absorver a cena – as flores, o pilão, a tigela –, depois dispersou o pensamento, pegou uma xícara de café e passou pelas garotas e pela porta que levava para a varanda. Andrea sentou-se em uma poltrona com vista para o mar e para o santuário de pássaros. "Boa sorte!", ela desejou.

Kaylin e Taylor se entreolharam. "Sua mãe é legal", comentou Kaylin.

"Sim", Taylor respondeu e começou a moer mais flores e a despejar a polpa triturada em uma tigela grande. "Acho que vou ficar com ela". Taylor acrescentou óleo mineral à mistura de flores silvestres trituradas. A mistura começou a se transformar e a borbulhar. "Uh-oh", Taylor falou baixinho.

"Heaven Scent será a melhor loção corporal perfumada dos Estados Unidos!", Kaylin disse e respirou fundo, fazendo uma careta como se tivesse acabado de cheirar uma meia suja. "Bem, talvez não a melhor, mas ela está chegando lá!"

"Heaven Scent", Taylor disse de maneira sonhadora, abanando sua mão sobre a mistura e cheirando. "Eca!", ela gritou e fez uma cara feia. "Está mais para cheiro de lixo!"

Kaylin e Taylor riram juntas. Depois, as duas se entreolharam e ficaram preocupadas. "Não está bom", disse Kaylin.

"Tenho uma ideia", Taylor falou e saiu correndo da cozinha, subindo as escadas. Ela retornou um minuto depois com um frasco de loção corporal perfumada da marca Bath & Body Works. "Isto deve ajudar."

"Mas eu pensei que fôssemos vendê-la como natural..."

"Acho que vamos optar por seminatural", respondeu Taylor.

"Boa ideia", Kaylin disse e observou enquanto Taylor colocava o óleo da Bath & Body Works na mistura. Ele borbulhou, fez um barulhinho e transformou a polpa das flores mortas em algo escuro, fedorento e grudento.

Elas se entreolharam. "Eu quero chorar", disse Kaylin.

Taylor começou a dar risada. "Sabe do que precisamos?"

"Do quê?", Kaylin perguntou.

"Das Spice Girls!", Taylor respondeu e jogou tudo no ralo da cozinha. Ela se virou, bateu na palma da mão de sua amiga e as duas garotas correram pela escada acima, rindo. Pouco tempo depois, "Spice Up Your Life", das Spice Girls, desta vez cantada pela banda, tocou bem alto no rádio de Taylor no andar de cima, tão alto que até mesmo Andrea, que estava do lado de fora lendo, conseguiu escutar. E é claro que sua filha estava cantando junto.

15

O garoto que morava ao lado estava lavando o carro de seus pais quando Taylor reparou nele pela primeira vez. Ele tinha aparecido para fazer uma visita na noite anterior. Seus pais eram amigos dos pais de Taylor, e por isso ela nunca tinha prestado atenção nele. Essa era a primeira vez que ela *realmente* tinha reparado nele. Ela o observou da varanda dos fundos, com vista para o mar. Kaylin estava olhando para o Stone Harbor Bird Sanctuary, que podia ser visto na paisagem de onde estavam. Taylor tinha um binóculo e amava sair para a varanda e observar os pássaros. Na verdade, minutos antes, enquanto ela estava observando uma grande garça, ouviu alguém fazendo um barulho e movimentou o binóculo para descobrir de onde vinha o som. Ela viu o garoto que morava ao lado ensaboando o carro da família. Ele tinha ido à sua casa horas antes e ela nunca tinha reparado nele, mas agora ela o achava muito mais bonito do que a garça ou o savacu-de-coroa que povoavam o santuário. Taylor achou-o encantador. "Acredito que é preciso ser muito maduro para ficar responsável por lavar o carro de luxo de seu pai, você não acha?", ela perguntou.

"Eu pensei que nós estivéssemos observando pássaros", respondeu Kaylin. "Me dê isso aqui", ela disse, tirando o binóculo da amiga e o posicionando de volta para o santuário.

Taylor suspirou e continuou a olhar, sem o binóculo, para o garoto que morava ao lado.

Demorou um ou dois minutos para Kaylin perceber o que estava acontecendo. Ela abaixou o binóculo e observou sua amiga, então finalmente viu o que, ou melhor, quem ela estava observando.

"Esse não é o garoto que estava aqui ontem à noite?"

"Sim", disse Taylor.

"Nós somos muito novas", Kaylin disse com firmeza e voltou a prestar atenção nos pássaros.

"Muito novas para quê? Eu não estava pensando em me casar com ele ou algo assim, apesar de que eu provavelmente me casaria."

Kaylin abaixou o binóculo devagar e lançou um olhar para Taylor. "Amiga, você está brincando comigo, não é mesmo?"

Taylor olhou para Kaylin de canto de olho e percebeu que o que ela tinha acabado de dizer era *totalmente* ridículo. Ela começou a rir e Kaylin riu junto.

Kaylin olhou mais uma vez para o garoto. "Mas ele até que é bonitinho."

Naquela noite, as duas famílias jantaram no Henny's, um restaurante local de frutos do mar na 3rd Avenue, no centro de Stone Harbor. Durante o prato principal de linguado, o bartender saiu detrás do bar e cantou "Yankee Doodle Dandy", acompanhado por uma máquina de karaoke. Quando ele terminou de cantar, foi aplaudido por alguns clientes mais velhos. Taylor percebeu que alguns adolescentes no restaurante, que estavam comendo com suas famílias, *não* aplaudiram.

"Scott!", gritou o gerente do outro lado do restaurante, indo em direção à mesa das famílias Swift e Politzer para conversar com o pai de Taylor. "O que achou do bartender?"

"Muito bom", disse Scott.

"Pensei em acrescentarmos um tom de patriotismo já que o dia 4 de julho está chegando." O gerente do restaurante sorriu com seus dentes cheios de restaurações e deu um aperto de mão com um anel no dedo mindinho. "Nossa, como você cresceu!", ele falou para Taylor.

"Sim, senhor, eu cresci", ela respondeu. "Posso lhe fazer uma pergunta?", Taylor o indagou.

"O que quiser, querida", o gerente respondeu.

"Você realmente acha que todos esses garotos que estão aqui querem ouvir 'Yankee Doodle Dandy?'"

"Taylor!", Andrea disse envergonhada.

"Deixe ela falar", disse Scott.

"Por que você está dizendo isso, Taylor?", o gerente perguntou intrigado.

"Bem, eu percebi que você tem uma máquina de karaoke aqui e acredito que talvez esses garotos queiram ouvir alguém mais jovem enquanto comem o linguado", ela respondeu.

O gerente começou a dar risada. "Bem, pelo menos você conhece o nosso cardápio."

"O linguado é o meu favorito! Mas o que eu estou tentando dizer é: e se você me deixar subir ali e cantar algo na máquina de karaoke? Vocês têm alguma música country?"

O gerente sorriu para ela. "Claro que temos", ele respondeu. "Vá em frente."

Kaylin não conseguia acreditar no que Taylor estava dizendo e, quando ela se levantou, caminhou até a frente do restaurante e segurou o microfone, Kaylin quase morreu. Taylor não perdeu tempo e colocou uma música que ela conhecia na máquina de karaoke.

O gerente se virou para Scott. "Quantos *anos* ela tem?", ele perguntou.

"Onze", Scott respondeu.

"Nossa", disse o gerente surpreso, balançando a cabeça.

Taylor começou a cantar e todo mundo ficou quieto no restaurante. Era uma música de Faith Hill. Ela arrasou. Quando ela terminou de cantar, o restaurante todo aplaudiu e aclamou. Taylor abriu um sorriso brilhante e se curvou em agradecimento, depois correu de volta para seu lugar, deixando o gerente puxar sua cadeira para ela se sentar. Ela olhou para ele. "O que você achou?"

"Eu tenho uma pergunta", ele replicou.

"Qual?"

"Quando você vai voltar?"

Todos na mesa deram risada. Taylor foi a que riu mais alto.

15

Durante a sobremesa, o garoto bonito que morava ao lado foi até a mesa para conversar com Taylor. Sua família estava em outra parte do restaurante. Eles acenaram e Andrea e Scott acenaram de volta, então Scott se virou para o sr. Politzer: "Nossos vizinhos", ele explicou.

Kaylin cutucou Taylor, que não tinha percebido o garoto ao seu lado. Quando ela olhou para cima e o viu, deu um grito.

Kaylin riu.

"Oi, eu não quis te assustar", disse o garoto. Ele parecia envergonhado e desconfortável.

Taylor ficou corada. "Você não me assustou", ela disse e depois não falou mais nada por um longo tempo.

"Bem, eu... eu só queria dizer que acho que você é uma ótima cantora. Muito melhor do que aquele tiozão atrás do bar que cantou "Yankee Doodle Dandy".

Taylor concordou com a cabeça, sem conseguir falar.

"Bem", ele disse e deu de ombros. "Vejo você por aí." Ele se virou começando a ir embora.

"Quando?", Taylor perguntou. Ela era escritora. Se alguém lhe dizia "vejo você por aí", ela queria saber quando isso iria acontecer.

"A-amanhã?", ele perguntou, ficando inesperadamente nervoso.

"Está bem", Taylor disse e piscou para ele.

Os olhos do garoto ficaram arregalados. Ele não sabia como reagir, então retornou apressadamente para sua mesa.

Taylor virou-se para Kaylin e cantou: "*Tomorrow, tomorrow, I love ya, tomorrow. You're always a day a-wayyyy!*". Esse era um trecho da música de sua primeira peça juntas, *Annie*. Depois disso, as duas deram risada.

Nenhum dos adultos tinha ideia do motivo de as meninas estarem rindo.

Depois do jantar no Henny's, eles pararam no Springer's Ice Cream Parlor para tomar um sorvete de creme com cookies. As garotas sentaram-se em uma mesa separada dos adultos e conversaram surrando entre si o tempo todo.

Na manhã seguinte, o garoto que morava ao lado apareceu como tinha prometido, sentou-se na varanda com Taylor e Kaylin e falou sobre uma outra garota de quem ele gostava, que não gostava dele.

Ainda por cima, ele pediu conselhos.

Taylor não conseguia acreditar nisso. Ela quase tinha se jogado em cima dele, tanto quanto uma garota de 11 para 12 anos poderia fazer, e tudo o que ele queria era conversar sobre a garota de quem *ele* gostava.

"*Invisível*", Taylor pensou muito tempo depois de o garoto já ter ido embora. "Foi como se eu fosse *invisível*."

Taylor ficou dentro de casa pelo resto do dia. Era um dia perfeito em julho de 2001, e estava quase na hora de retornar para a Pensilvânia. No fim daquela tarde, cansada de pensar, ela ligou a televisão de tela grande depois que Kaylin chegou da praia e elas assistiram a um episódio repetido de *Behind The Music*, com a participação de Faith Hill, a cantora country que se transformou em uma estrela do pop.

"Ela é casada com Tim McGraw", disse Taylor dobrando as pernas e sentando-se sobre elas na poltrona. Ela sempre fazia isso quando estava empolgada com alguma coisa. Taylor sabia tudo sobre a cantora. "Olhe para ela. Ela é tão elegante!", disse.

Quando o programa acabou, Taylor mal conseguia falar. "Você ouviu o que ela disse?"

"Na verdade, não", Kaylin respondeu.

"Ela disse que ficou conhecida porque foi para Nashville!"

"Sim", Kaylin respondeu. "Isso faz sentido."

"Sim", disse Taylor refletindo. "Por que eu não pensei nisso antes?"

Scott, Andrea e os pais de Kaylin chegaram da praia enrolados em toalhas e cobertos de areia. "Vocês ainda estão aqui? Temos que começar a aprontar as malas em breve. Então, qual é o próximo passo?"

Taylor se virou para sua mãe com o maior sorriso que ela já tinha visto. "Ir para Nashville!".

Andrea e Scott se entreolharam. "Ai, meu Deus", disse Andrea. "Ela está com aquele brilho nos olhos, Scott." Ela sabia que quando sua filha colocava algo na cabeça, não desistia até conseguir. Foi como disseram.

Taylor e sua família retornaram para a casa na Pensilvânia repletos de energia e com grandes esperanças para o restante do ano. Taylor comentava toda hora a respeito de Nashville. Ela não conseguiu parar de falar sobre Faith Hill durante todo o caminho para casa. Estavam acontecendo muitas coisas ao mesmo tempo. Ela começou a estudar no ensino fundamental II e completou 12 anos. A terceira peça da BYTA, *Bye-Bye Birdie*, começou a selecionar o elenco e ela conseguiu o papel principal de Kim MacAfee. Diferentemente das outras protagonistas que ela interpretou, o papel de Kim não tinha nada parecido com sua própria personalidade. Ela encarou isso como um desafio e o esperou ansiosamente. Como Kirk não tinha um bom papel na peça para Kaylin, ele a escalou como sua diretora assistente. As músicas eram incríveis e a peça tinha sido um grande sucesso na Broadway.

No entanto, havia um problema na BYTA. Esse problema foi crescendo durante os meses anteriores, desde que Taylor entrou em cena. Os pais das outras crianças da academia ficaram ressentidos por Taylor sempre conseguir o papel principal. Com *Bye-Bye Birdie*, eles ficaram insatisfeitos e pararam de aparecer. Quando eles pararam de aparecer, o dinheiro para financiar a academia diminuiu. Kirk foi forçado a mudar a produção para um lugar menor, mas já era tarde demais.

Após quatro apresentações, Kirk teve de encerrar a peça *Bye-Bye Birdie*. Não muito tempo depois disso, a BYTA fechou suas portas pela última vez.

Algumas semanas depois, terroristas atacaram Nova York no dia 11 de setembro e mudaram o mundo todo.

16

Taylor observou seu pai assistindo às notícias sobre os ataques na televisão. Ela nunca o tinha visto tão assustado. O mundo estava mudando muito rápido à sua volta, e ela lidou com isso da única maneira que conseguia: escrevendo. Ninguém percebeu quando ela correu escada acima, trancou-se no quarto e escreveu às pressas um poema sobre o 11 de setembro. Ela se sentiu imediatamente melhor.

Depois de um tempo, sua mãe apareceu para lhe desejar boa-noite.

"Mãe?", Taylor falou enquanto sua mãe a cobria.

"Mmm?", disse Andrea.

"Você acha que eu ganhei o concurso de karaoke no Roadhouse?", ela perguntou.

"Eu espero que sim, querida", Andrea respondeu, tentando parecer positiva.

"Eu acho que precisamos de férias", disse Taylor.

Andrea sorriu para sua filha. "E para onde você gostaria de ir? Como se eu ainda não soubesse."

"Eu ouvi falar que Nashville é muito agradável nesta época do ano", Taylor respondeu.

Andrea ajoelhou-se e abraçou sua filha. "Veremos", ela disse e deu um beijo de boa-noite.

"Eu poderia arranjar um emprego no McDonald's", disse Taylor.

Andrea balançou a cabeça. "De jeito nenhum", falou.

"Por que não? Shania e Faith trabalharam no McDonald's quando elas foram para Nashville."

"Eu pensei que você quisesse um emprego na indústria musical."

Taylor deu risada. "Você disse 'veremos'", ela respondeu divagando. "Isso geralmente quer dizer que sim."

Andrea foi saindo do quarto. "Você me conhece muito bem", ela falou. "Boa noite." Ela saiu do quarto e fechou a porta.

Taylor sorriu para a porta onde sua mãe estava anteriormente. "É verdade", ela disse baixinho e depois fechou os olhos.

No dia seguinte, Andrea buscou Taylor na escola, como sempre. Quando elas chegaram em casa, Taylor viu que Kirk e a mãe dele, Sandy, estavam esperando no carro estacionado em frente. Era um dia fresco em meados de setembro e havia um perfume de rosas vindo da piscina coberta e escapando pelas janelas do solário.

Taylor pulou do carro e correu até Kirk para abraçá-lo. "Eu não sabia se o veria novamente!", disse ela. "Você não me ligou, então acredito que eu tenha perdido, certo?"

"Eu não queria estragar a sua diversão na praia", disse ele.

"Sim, eu imaginei", Taylor falou, tentando disfarçar a sua decepção enquanto todos entravam na casa.

Alguns minutos depois, todos se sentaram à mesa de jantar para tomar um café. Sandy olhou para seu filho e acenou com a cabeça enquanto Kirk ficou realmente sério. "Olhe, desculpe por não ter ligado. Foi mais porque eu queria te contar isso pessoalmente. Você conseguiu, Taylor. Você venceu o concurso!"

Taylor deu um grito.

"Parabéns, Tay", disse Sandy. "Você vai abrir o show de Charlie Daniels na Bloomsburg County Fair no dia 22."

"É melhor se preparar", comentou Kirk. "Falta só uma semana!"

Taylor virou-se para sua mãe. "E, depois da feira, vamos para Nashville", ela falou. "Certo?"

"Veremos", Andrea respondeu.

"Eba!", Taylor exclamou e se virou para Kirk. "'Veremos' quer dizer sim."

"V-vocês vão para Nashville?", perguntou Kirk.

"Ela nunca vai me deixar em paz se nós não formos", respondeu Andrea.

"Bem, eu acho que essa é uma ótima ideia!", afirmou Kirk. "Mas você vai precisar de uma demo. Você não pode ir para Nashville com as mãos abanando!"

"Certo", disse Andrea. "O que é uma demo?"

17

Taylor cantou "Big Deal", de LeAnn Rimes, e a plateia da Bloomsburg County Fair foi à loucura. Quem era essa linda garotinha de cabelo loiro-platinado cantando bem forte um clássico da música country de LeAnn Rimes? A música era sobre uma garota que afastou um rapaz da cantora, e a cantora está dizendo à garota que ela teve sorte. Para Taylor, isso parecia real. Depois da música de LeAnn Rimes, ela cantou uma música country famosa: "Timber, I Am Falling in Love", de Patty Loveless. A plateia a adorou e ela se consolidou na mente dos visitantes da feira.

Ronnie Cremer, irmão mais novo de Kirk, estava bem na frente. Ele era guitarrista de hard rock e técnico de computadores. Tinha uma pequena loja de reparos na Lancaster Avenue, em Kenhorst, Pensilvânia, a cerca de 16 quilômetros de onde a família Swift morava. No fundo de sua loja, ele tinha construído um pequeno estúdio de gravação onde produzia as demos dos artistas quando solicitado.

Ele tinha um grande interesse por música, mas não pela música country.

Ronnie foi contratado pela família Swift para produzir a primeira demo de Taylor, e ele estava pronto quando eles chegaram. Ele ligou a máquina de karaoke e colocou na lista as músicas que Taylor e Kirk haviam pedido: "There's Your Trouble", das Dixie Chicks, "One Way Ticket", de LeAnn Rimes, "Here You Come Again", de Dolly Parton, e, como um acréscimo, "Hopelessly Devoted", de Olivia Newton-John, porque ela a cantou muito bem quando interpretou Sandy em *Grease*.

Taylor escolheu essas músicas não apenas porque ela achava que as cantava bem, mas porque ela as sentia de dentro. Todas eram sobre um mesmo tema: seu sofrimento por causa do garoto que morava ao lado em Stone Harbor ou seus supostos amigos da escola que a evitavam. Acima de tudo, eram sobre a sua determinação em superar isso. Taylor demorou horas para escolhê-las, e não se tratava primeiro de música, mas, sim, de palavras. E, assim como ela vivenciou as personagens que interpretou nas peças apresentadas na Berks County Youth Theater Academy, ela se colocou nas palavras dessas músicas. Essa era a sua demo e ela tinha que ficar perfeita.

Quando ela entrou na cabine de gravação, entregou a Ronnie uma foto sua tirada por seu vizinho na fazenda, Andrew Orth. "Coloque esta foto na capa, por favor, com a lista de músicas", ela disse enquanto fechava a porta e verificava seu microfone. Ela olhou pelo vidro e disse alguma coisa, mas o microfone estava desligado, então Ronnie o conectou.

"O que você disse, Taylor?", ele perguntou.

"Estou pronta", ela respondeu.

Três horas depois, quando Taylor saiu da cabine de gravação, Ronnie aplaudiu. "Isso foi realmente incrível!", ele disse. "Você sabe tocar?"

"Tocar?"

"Um instrumento", ele respondeu.

Ela ficou pensando. "Não", disse Taylor.

"Bem, você deveria tocar", ele falou.

"Eu estava pensando em um violão de 12 cordas. Eu já tenho um de seis", disse Taylor.

Ronnie deu risada. Ele a achou corajosa. "Não tenho certeza sobre um de 12 cordas", ele advertiu. "Pode ser muito para você, que está começando."

"Oooh, nunca diga que ela não conseguirá fazer alguma coisa", Andrea falou. "Pode ter certeza de que agora ela conseguirá."

Ronnie riu enquanto retornava para a cabine e tocou a demo para elas. Elas adoraram. Ronnie colocou os arquivos digitais mestres em um CD mestre, fez uma pilha de cópias e as colocou em caixas de CD sofisticadas com um selo personalizado e a foto de Taylor na capa. Ficou muito profissional.

"Você fez um ótimo trabalho, Taylor", Ronnie falou.

Elas o agradeceram novamente e foram embora, com a primeira demo de Taylor em mãos.

No dia seguinte, Andrea arrumou as malas, colocou as crianças no carro e dirigiu rumo a Nashville, Tennessee. O plano era entregar os CDs para produtores de gravadores e conseguir um grande contrato com um selo musical. Mas não funcionou bem assim. Dessa vez.

18

Taylor acordou. Eles ainda estavam viajando para casa, voltando de Nashville. Ela esfregou os olhos com sono e se esticou, apoiando-se na porta do passageiro. Ainda estava decepcionada por não ter conseguido um contrato com alguma gravadora, mas, em vez de ficar arrasada, isso deu a ela algumas ideias. "Você está acordada?", ela perguntou para sua mãe.

"Espero que sim", respondeu Andrea. "Eu estou dirigindo."

Eles estavam quase em casa e sentiam vontade de tomar um bom banho quentinho e comer uma comida caseira. Tinham viajando por todo o caminho de Nashville para Wyomissing Hills com nada além de uma grande determinação em obter sucesso. Pelo menos era assim que Taylor enxergava isso. Nada além de um buraco na estrada.

A família toda estava novamente reunida no dia seguinte para tomar o café da manhã. "Então, qual é o próximo passo, Tay?", Scott perguntou.

"Duas coisas, papai", respondeu Taylor. "Aprender a tocar violão, claro. E escrever minhas próprias canções."

"Boa garota! Dê um passo na frente do outro. Continue seguindo em frente. Eu imagino o quanto você deve estar se sentindo decepcionada", disse Scott, terminando de tomar o seu café.

"Decepcionada? Eu não estou decepcionada. Consegui exatamente aquilo de que precisava em Nashville." Ela olhou para sua mãe e deu uma piscada. "Eu quero um novo violão, com 12 cordas."

Andrea ligou para Ronnie Cremer e pediu que ele fosse até sua casa. Eles precisavam de assistência com um computador que estava lento. Ronnie apareceu em menos de uma hora e pegou o caminho para a mansão da família Swift pela primeira vez. Seu irmão havia lhe dito que a casa era muito boa, mas ele não tinha imaginado que era *tão* boa assim. Ela era enorme. Ele colocou a maleta de seu computador pendurada no ombro e seguiu para a porta de entrada.

Andrea atendeu à porta com um grande sorriso para Ronnie. "Obrigada por vir", ela falou, olhando para a maleta de seu computador. "Ah, você não vai mais precisar disso, o computador está totalmente rápido de novo. Ele deve ter se consertado!", disse ela.

"Tudo bem", ele falou, preparando-se para sair.

"Espere", interrompeu Andrea. "Entre! Já que você está aqui, quero ver que tipo de professor de música você é."

Ronnie finalmente compreendeu. "Ah! Ótimo", ele deu de ombros. "Certo."

Eles subiram para o andar de Taylor.

Alguns minutos depois, Ronnie sentou-se em uma cadeira e Taylor na outra. Ela estava com seu violão de seis cordas e ele estava mostrando para ela o posicionamento dos dedos no Sol maior.

"O Sol maior é um acorde para música country?", perguntou Taylor.

"É um acorde comum", disse Ronnie. "Eu não conheço muito sobre música country."

"Nós daremos um jeito nisso", Andrea disse da porta e depois virou e saiu.

Taylor colocou os dedos na posição. "Eles se encaixaram!", disse ela. "Eu ganhei este violão quando tinha 8 anos, mas meus dedos curtos não conseguiam alcançar. É tão legal! Eu achava que nunca iria conseguir tocar!" Ela desafinou no violão. Desafinou fraquinho, mas Ronnie a ajudou a afinar o violão e, algumas horas depois, ela tocou um Sol maior perfeito. Ele lhe ensinou três acordes naquele dia e retornou na semana seguinte para ensinar mais outros três. Alguns meses depois, Taylor estava pronta para o próximo passo.

"Agora, vamos juntar tudo isso e tocar uma música", disse Ronnie. Ele estava dando aula para ela duas vezes por semana durante dois meses, e Taylor estava fazendo um ótimo progresso, conforme contou para Andrea.

"Uma música country?", perguntou Taylor.

"Está mais para um rock dançante", ele disse e começou a tocar e a cantar "I Want You to Want Me", de Cheap Trick.

Quando ele terminou, Taylor bateu palmas. "Essa é uma das músicas mais incríveis que eu já escutei! É um clássico, não?"

"Sim, é uma das minhas músicas favoritas", respondeu Ronnie.

Taylor pegou a partitura. "Eu sei ler isso, sabia?", disse ela.

"Quer dizer que estou trabalhando com você todos esses meses e você nunca me disse que sabia ler partituras?"

Taylor deu de ombros. "Eu sou a aluna e você é o professor. Eu aprendi na aula de música, na escola", disse ela. Taylor colocou a partitura na sua frente, tocou os acordes e cantou a letra. Era uma canção de rock animada. Anteriormente, Ronnie tinha explicado sobre a estrutura das músicas e os versos, os versos antes das pontes e as pontes.

Quando estava no meio da música, ela parou de tocar. "Essa é a maneira certa?"

"Sim", respondeu Ronnie. "É assim que se toca." Ele não entendeu direito o que ela queria dizer.

"Você se importa se eu fizer algumas alterações?"

"Alterações?" Aonde ela queria chegar?

"Tenho uma ideia", ela respondeu.

Ronnie deu de ombros. "Vá em frente."

Taylor começou a tocar a música desde o começo, mas dessa vez em um ritmo country muito mais lento, cantando: *"I want you to want me, I need you to need me, I'd love you to love me, I'm begging you to beg me"*. Ela cantou a música toda com um novo ritmo e fraseado country. Ronnie achou que a maneira como ela tocou tinha uma sensação e um significado completamente diferentes. Quando ela terminou, ele aplaudiu. "Uau!"

"Eu quero ser uma cantora country, Ronnie", ela falou. "Não uma estrela do rock dançante." Ela abriu um sorriso brilhante. "Pelo menos ainda não. Eu tenho só 12 anos."

Ronnie deu risada. "Vejo você na próxima semana", ele disse e foi embora.

Naquela noite, Taylor escreveu sua primeira música, chamada "Lucky You". Ela usou alguns acordes que Ronnie lhe ensinou, mas os acrescentou misturados. Primeiro um Dó maior, depois um Ré maior e então um Sol maior. Ela escutou a melodia na cabeça. Ficou com medo de esquecê-la e então a sussurrou repetidas vezes até decorá-la. Depois, ela escreveu as palavras da primeira estrofe e ficou sussurrando-a. Era tarde da noite. A porta rangeu e Andrea entrou. "O que é isso, Tay-Tay?", ela perguntou.

"Estou escrevendo uma música", ela respondeu. Taylor estava de pijama em sua cama com o violão e um caderno aberto na sua frente. Ela escreveu mais um pouco e depois olhou para sua mãe.

"Sobre o quê?", perguntou Andrea.

"Sobre a vovó Margie", respondeu Taylor, escrevendo mais um pouco. "Mãe?"

"Sim, querida."

"Você acha que os amigos da vovó acreditavam que ela fosse diferente porque era cantora?"

"Como os seus amigos na escola, você quer dizer?"

"Sim", Taylor respondeu envergonhada. "É verdade."

"Cante para mim", Andrea pediu, sentando-se ao lado da cama.

"Ela se chama 'Lucky You'", Taylor disse e cantou a música para sua mãe. Quando ela terminou, Andrea a abraçou.

"Você acha que existe um lugar onde as crianças não serão más comigo?", Taylor perguntou.

"Deve existir, querida", Andrea a tranquilizou. "Deus não a colocou aqui para sofrer."

"É, acho que não", respondeu Taylor.

"Ele quer que você seja feliz."

"Eu sou, mamãe", ela disse abraçando sua mãe novamente. "Aquele cara em Nashville estava certo. Ninguém está interessado em demos com músicas de karaoke. Eles querem canções originais."

"Provavelmente você esteja certa", respondeu Andrea.

"Sabe o que mais?"

"O quê?"

"Quanto de dinheiro você gastou investindo na minha música?"

"MUITO!", Andrea disparou.

"Em Nashville, todas as gravadoras disseram que eu tinha que ter 18 anos. Mas isso é porque eles não sabem que existem garotas exatamente como eu que querem fazer sua própria música. E suas mães pagam por isso."

"É? Como você ficou sabendo de tudo isso?"

"Pelas outras crianças. Eu as ouvi conversando." Ela pegou seu violão novamente e tocou um acorde. "*The fact that she's different and yet she's the same...*" Ela cantou o verso de sua canção. "Eu sei que sou diferente porque você e o papai são ricos e eu e Austin temos tudo o que queremos."

"Não, querida, isso não é verdade", disse Andrea.

"É sim", ela respondeu. "As crianças sabem que temos dinheiro e algumas delas me odeiam por causa disso. Mas eu amo música country e muitas delas também. Isso significa que sou como elas. E elas vão pedir para suas mães comprarem discos para elas assim como eu também pedi."

"Acho que você descobriu algo importante", disse Andrea. "O que você vai fazer? Escrever músicas e voltar para Nashville? É melhor você começar a pedir desde agora, porque desta vez vai demorar muito mais do que da última vez."

"Eu não estou pensando nisso", respondeu Taylor. "Estou pensando em oferecer às crianças a música que elas querem."

Andrea sorriu para sua filha. "A vovó não é a única que deveria ser apelidada de sortuda."

Taylor balançou a cabeça. "Talvez a vovó tenha sido apelidada de sortuda, mas eu não preciso de sorte", ela disse e tocou o primeiro acorde. "Quer ouvir de novo?"

"Por favor", pediu Andrea.

19

Quando Taylor terminou de escrever "Lucky You", sua mãe e seu pai finalmente cederam e compraram um violão de 12 cordas para ela.

"Ronnie vai dizer alguma coisa", Andrea brincou.

"Até ele me escutar tocando", respondeu Taylor. "O dobro de cordas, o dobro de diversão!"

Algumas semanas depois, Andrea escutou o som de violões vindo do andar de cima. Ainda era bem cedo e a música estava tocando havia horas. Ela era tão completa que parecia vir de dois violões. Andrea correu escada acima e entrou no quarto. "Tay, quem está aqui com você?", ela perguntou.

Taylor deu risada. "Estou só eu e meu violão de 12 cordas, mãe!", ela disse sorrindo.

Pouco tempo depois, Andrea a encontrou no banheiro enfaixando os dedos de sua mão esquerda. "O que você está fazendo?!", ela perguntou.

"Enfaixando meus dedos", respondeu Taylor contornando-os. "Eles sangraram por causa das cordas."

No dia seguinte na escola, Kaylin e Taylor andaram pelo ginásio juntas. "Ei, apenas me siga", disse Kaylin enquanto elas passavam pela quadra de basquete.

A treinadora do time de basquete feminino já estava lá com sua assistente, segurando a bola. "Vamos testar aquela garota alta", ela sussurrou. "Ei, loirinha! Pense rápido!", disse a treinadora jogando a bola para Taylor.

Taylor tentou pegá-la, mas a bola voou passando por ela.

As treinadoras se entreolharam. "Meu Deus", disse a assistente.

"Desculpe", disse Taylor. "Eu não estava pronta."

"Não tem problema, Swift", a treinadora falou.

Umas das outras crianças tinha buscado a bola e jogado para ela, e ela pegou com habilidade. Ela entregou a bola delicadamente para Taylor. "Vamos ver você correr pela quadra e fazer uma cesta."

Taylor olhou para Kaylin como se implorasse: "Me tire daqui". Mas ela tentou. Correu pela quadra com a bola e, quando chegou a uma distância impressionante da cesta, ela a arremessou, e a bola passou pela rede em um ângulo de 90 graus e ficou presa na terceira fileira da arquibancada. "Oops!", ela exclamou.

Mais tarde, fora do ginásio, enquanto Taylor e Kaylin iam para a aula, elas tiveram uma conversa franca. "Eu não consigo fazer isso, Kay. Sou totalmente desajeitada", disse Taylor.

19

Kaylin deu risada. "Bem, eu não posso discordar disso. Você tem altura, então eu pensei que basquete fosse o esporte perfeito para você."

"Não é só isso", Taylor argumentou. "Eu não estou a fim. Só consigo pensar em música. Para mim, sair para praticar um esporte é como perder o tempo que teria para fazer o que realmente quero. Você sabe... o palco, a música. Tudo o que passamos juntas na BYTA."

Kaylin assentiu com a cabeça e Taylor percebeu a tristeza nisso. Elas eram melhores amigas que de repente tinham interesses diferentes. "Eu sei que você quer praticar esportes. Sei que está cansada de atuar e de tudo isso."

Kaylin abraçou a amiga. "Para mim, as coisas ficaram complicadas na BYTA. Eu prefiro fazer outra coisa."

Elas chegaram a um local em que um caminho levava para a sala de Kaylin e o outro para a sala de Taylor, e então pararam no meio. "O que você vai fazer?", perguntou Taylor.

"Atletismo", Kaylin respondeu sem hesitar.

Elas se olharam por um momento. "Tudo bem", Taylor disse finalmente. "Então, vejo você mais tarde?"

Kaylin pensou por um momento e depois concordou. "Claro", disse ela, começando a correr para o campo de esportes.

Taylor observou-a indo embora e sabia por dentro que, quando a Berks County Youth Theatre Academy chegou ao fim, sua companhia constante também acabou. Ela foi para a sala de aula e, enquanto andava pela classe em direção à fileira onde ficava sua carteira, algumas garotas deram um riso abafado quando viram seus dedos enfaixados. Ela já tinha perdido Kaylin, mas sabia que tinha que seguir seus sonhos. Embora se encontrassem todos os dias na escola, daquele dia em diante Kaylin esteve sempre ocupada com os esportes e Taylor seguiu pelo caminho do sucesso na indústria musical.

Na hora do lanche, Taylor foi para a mesa em que se sentou pelo primeiro mês desde que começou o ensino fundamental II. Kaylin não estava lá. Ela estava no campo, praticando atletismo. Tinham algumas garotas que ela conhecia das aulas, então ela se sentou com a bandeja da lanchonete, lotada com as melhores comidas que a escola tinha a oferecer. Uma das garotas a observou e disse: "Ei, magrela", depois de ver seu lanche realmente caro. "Por que você está aqui? Você tem certeza de que está na escola certa? Este não é um colégio particular, sabe?" Dava para perceber quem era rico e quem era pobre observando o carro em que os alunos chegavam e o que eles comiam na hora do lanche. A maioria das crianças levava seu próprio lanche ou não comia nada. A escola oferecia lanches gratuitos, mas muitas garotas não aceitavam. Elas eram orgulhosas demais.

"O que você quer dizer com isso?", Taylor perguntou. "Eu... eu estou aqui porque eu *quero*."

"Desculpe, magrela, mas ninguém *quer* vir para a Wyomissing", disse outra garota. É assim que os alunos chamavam a Wyomissing Area Junior Senior High School, porque o nome completo era muito grande. "*Principalmente* alguém de Hill!" Eles chamavam Wyomissing Hills apenas de Hill. Taylor sabia onde elas queria chegar. Sempre existiu uma distância enorme na escola entre os ricos e os pobres, mas ela nunca participou disso. Para ela, as pessoas eram pessoas. Mas nem todo mundo na escola pensava como ela.

"Mas é uma escola pública. *Todo mundo* pode frequentá-la."

As garotas riram. "Minha nossa, você é tão burra assim? Ah, por falar nisso, gostei dos seus dedos", uma delas disse e todas riram novamente.

Taylor tentou rir também e mexeu os dedos. "Aulas de violão. Eu acho que exagerei um pouco", ela falou. "Meus dedos sangraram porque eu pratiquei muito. Ei, estou sendo grossa. Estão servidas?", ela perguntou, apontando para a bandeja cheia de comida. "Tem bastante."

Uma garota baixinha a olhou de forma sarcástica. "Não precisamos da sua caridade, riquinha", ela disse, levantou-se e olhou em volta da mesa. "Vocês vêm comigo?"

Todas as garotas se levantaram e foram para outra mesa, deixando Taylor sozinha. Ela as observou por um momento, depois tentou comer. Mordeu o lábio inferior para não chorar, depois respirou fundo, ficou de pé e caminhou até elas. "Sabem, eu não posso fazer nada se minha mãe e meu pai são ricos. Mas, mesmo assim, eles sempre me ensinaram a dividir." Depois, ela se virou de costas para elas e saiu.

"Não deixe a porta bater na sua bunda quando for sair, cantora country", gritou uma das garotas quando ela estava indo embora, e todas elas riram novamente.

Taylor parou e se virou olhando de maneira penetrante para elas. "Obrigada. Quando eu fizer meu primeiro show, vou garantir que vocês consigam um lugar na fileira da frente", ela disse e voltou a comer seu lanche.

Alguns meses depois, em abril de 2002, Taylor esteve em outra quadra de basquete. Era a quadra da equipe Philadelphia 76ers. Ela se posicionou no centro do palco e cantou o hino dos Estados Unidos, "The Star-Spangled Banner". Taylor estava com lágrimas nos olhos. Era um jogo de decisão de campeonato. A final da NBA. Com uma plateia lotada de mais de 20 mil pessoas. Quando ela terminou de cantar, esperou os aplausos e fechou os olhos, sabendo mais uma vez que os merecia. Ela acenou afirmativamente com a cabeça e se virou, dando de cara com o famoso rapper Jay-Z, que estava sentado na quadra. Ele a cumprimentou batendo na palma de sua mão quando ela passou. "Foi lindo", disse ele. Taylor o reconheceu enquanto saía e seus olhos ficaram arregalados.

Ela se deslocou pela quadra e não se lembra de ter respirado novamente até estar perto da lanchonete, nos braços de sua mãe orgulhosa, que estava esperando por ela. "Foi lindo", Andrea falou emocionada. "Muito lindo!"

"Foi exatamente isso que o Jay-Z falou para mim!", Taylor respondeu extasiada. Ela riu e mostrou sua mão. "LeAnn tocou nesta mão", disse ela segurando uma das mãos. "E Jay-Z tocou nesta outra!", disse ela, segurando a outra mão. Isso deve significar alguma coisa."

"Significa que você está no caminho certo", respondeu sua mãe.

20

No ano em que Taylor se tornou adolescente, ela já tinha escrito mais de 50 músicas, a maioria delas sobre relacionamentos e experiências. Ela implorou para sua mãe por outra viagem a Nashville. Andrea concordou. Com o tempo, as viagens se tornaram frequentes, acontecendo mensalmente. Então, em uma dessas viagens, elas visitaram o Music Hall of Fame, em Nashville, e Taylor escutou as palavras que sempre esperou ouvir.

Em uma exposição, Taylor apertou o botão e o falecido cantor de folk e country Gordon Lightfoot falou com ela por um pequeno alto-falante por trás de sua enorme foto. "Você não tem que ser a melhor, você apenas precisa fazer o máximo."

Taylor percebeu o que tinha de fazer. Ela tinha que fazer mais.

Algumas semanas depois, em volta da mesa de jantar, seu pai tinha algo a dizer a respeito disso. "Eu não estou entendendo. Quantidade e não qualidade? Isso não me parece uma boa lição", ele falou.

Taylor parou de comer por um momento e depois olhou seu pai nos olhos. "Pode ser os dois, mas não precisa ser assim. É possível fazer sucesso aparecendo mais", ela disse e voltou a comer seu jantar. "Para mim, se eu não me expor, isso *não* vai acontecer."

"Faz sentido para mim", disse Andrea. "Marketing. Acho que eu entendo um pouco disso."

"Eu tenho que aparecer mais e fazer mais shows", disse Taylor.

Scott refletiu a respeito disso e sorriu para sua filha. "Está bem. Eu vou ver o que posso fazer."

Naquela noite, Taylor sentou-se na varanda da frente e aguardou. Quando o carro de seu pai chegou na garagem, ela se apressou, abriu a porta para ele e pegou sua pasta, carregando-a para dentro de casa. "Uau!", disse ele. "Eu não recebo esse tipo de tratamento exemplar dos motoristas do estacionamento do prédio!"

"O que você trouxe para mim, papai?", ela perguntou, enquanto eles caminhavam em direção à casa.

Scott deu risada e balançou a cabeça surpreso. "Como você sempre descobre quando eu trago algo para você?"

Taylor deu de ombros. "Eu não descubro, papai. Você sempre traz."

"Sim, é mesmo, nessa você me pegou", ele respondeu. "É uma apresentação."

Taylor respirou fundo.

"Eles querem que você cante o hino no U.S. Open."

"No U.S. Open!", Taylor disse pulando e depois parou. "O que é o U.S. Open?"

Scott riu. "É um torneio de golfe."

O entusiasmo de Taylor diminuiu. "Ah, sim, golfe", ela falou.

"Não apenas golfe. É o maior torneio de golfe do mundo", ele acrescentou. "Milhões de pessoas estarão assistindo."

Taylor pensou sobre isso por um momento. "Ai, meu Deus, é *imenso*!", ela gritou e o abraçou bem forte, derrubando sua pasta.

Scott riu mais um pouco, pegou sua pasta e retirou o pó de cima dela.

"Acho que eu deveria cantar 'America the Beautiful'", ela disse séria.

Scott olhou para ela. "Por quê?"

"Porque sinto que é o que todos querem ouvir", respondeu Taylor.

"Eu vou ver o que posso fazer", falou Scott. Nem valia a pena discutir com ela. Taylor sempre sabia o que ela e o público queriam.

Um mês depois, Taylor terminou de cantar "America the Beautiful" e foi aplaudida por um enorme público de espectadores do U.S. Open Golf Tournament, em Atlanta. Ela saiu correndo do palco e foi direto para os braços de seu pai. "Foi realmente lindo", ele disse. "Escute." O público estava aplaudindo e Taylor sorriu.

"Quero que conheça alguém", Scott falou e ficou de lado, revelando um homem que estava atrás dele, olhando para Taylor com um grande sorriso. "Você cantou muito bem, Taylor. Gostei bastante! Acho que você tem muito talento", ele falou estendendo a mão e Taylor a apertou. "Eu me chamo Dan Dymtrow", ele se apresentou. "Sou representante artístico da Britney Spears."

"Ai, meu Deus", Taylor sussurrou.

"E eu quero ser seu representante", ele falou. "Nós faremos assim. Eu conheço Steve Migliore. Você já ouviu falar nele?"

Taylor balançou a cabeça rapidamente, tentando não demonstrar o quanto estava emocionada.

"Vamos buscar o sr. Mig no Sigma Studios, na Filadélfia, para produzir um demo profissional e então vamos levá-la para Nashville permanentemente, assim que eu conseguir um trabalho para você lá. Pode demorar um ano. O que você acha?"

"Parece que você andou lendo a minha mente", Taylor respondeu e todos deram risada. Ela sabia tudo a respeito de Steve Migliore. Ele era uma lenda, conhecido como o gênio na produção de um monte de singles pop de sucesso, ganhadores de disco de platina.

Um mês depois, quando Taylor tocou "Smokey Black Nights" para Steve pela primeira vez no Sigma Studios, na Filadélfia, seu pai ficou impressionado, porque ele não se lembrava de tê-la escuta antes. "Quando você compôs *isso*?!", ele perguntou.

"No litoral", respondeu Taylor. "Quando eu tinha 11 anos."

A letra era sobre caminhar com o coração partido pelas noites escuras encobertas. "Quando ela teve um namorado?", Scott sussurrou em particular para Andrea.

"Nunca, bobinho", Andrea sussurrou em resposta.

"Então, por que essa letra?", ele perguntou um pouco alto demais e Taylor ouviu.

"Pai, o que você acha? Eu nunca nem beijei um garoto!", disse Taylor.

Scott ficou pálido.

Steve deu risada. "Então, o que *são* essas coisas sobre as quais você escreve, Tay?", Steve perguntou. "Todas as suas músicas falam sobre relacionamentos e experiências de amor."

Taylor deu de ombros. "Elas são sobre o que estou sentindo. Além disso, eu escrevo sobre o que *quero* que aconteça. Às vezes, sobre o que eu *espero* que aconteça."

A nova demo de Taylor demorou uma semana para ser produzida e incluía versões aprimoradas de duas das músicas favoritas que ela compôs: "Lucky You" e "Smokey Black Nights". A representante comercial era a Madd Talent Agency, de Dan Dymtrow, de Nova York. Steve era um produtor de pop, e não de country, portanto, embora tenha conseguido capturar o estilo country, também acrescentou seu próprio estilo pop, e o resultado foi único para Taylor. Quando ela terminou os vocais para "Smokey Black Nights", Steve foi até a cabine para fazer os ajustes para mais uma gravação. "Steve?", chamou Taylor.

Steve abaixou um pedestal de microfone e o colocou mais perto dela. "Sim?"

"Você gravou com a LeAnn, não é mesmo?"

"Com certeza. E com a Madonna, com o Bowie e até mesmo com a Whitney Houston."

Os olhos de Taylor ficaram arregalados. "Eles conseguem nos escutar de lá?", ela perguntou se referindo à sua família e aos outros engenheiros de som no estúdio.

Steve desligou um interruptor. "Agora não"

"Como eu me saí? Sei que meu pai pagou por isso, mas, de verdade, como eu me saí?"

"Tay, você é a melhor, sem brincadeira. Eu não preciso do dinheiro. Assim como você quer criar algo bom, eu também quero. E acho que acabamos de fazer isso."

Taylor o abraçou apertado. "Muito obrigada", ela sussurrou.

Dan Dymtrow marcou muitas apresentações para Taylor e a convidou para o grupo de artistas da Britney Spears, onde Britney ajudava crianças desfavorecidas a chegarem mais perto de seus sonhos. Steve Migliore elogiou Taylor para todo mundo que estivesse por perto durante esses meses, e as viagens de Taylor para Nashville finalmente foram recompensadas. Em setembro de 2003, a RCA, gravadora que contratou Elvis Presley nos anos 1950, escutou sua demo e ofereceu a ela um contrato de desenvolvimento. Ela estava na oitava série e os intimidadores da Wyomissing Area Junior Senior High ficaram para trás enquanto ela os ignorava e se concentrava em compor. Como uma dedicatória por eles terem feito a vida dela um inferno, ela os presenteou: escreveu, aos 12 anos, uma música sobre eles, intitulada "The Outside".

21

As viagens mensais para Nashville haviam terminado. Em abril de 2004, a Sony/ATV, gravadora e distribuidora proprietária do selo RCA Records, ficou sabendo do contrato de desenvolvimento de Taylor com um de seus selos musicais e ofereceu a ela um trabalho remunerado como compositora musical, trabalhando com a equipe de compositores da gravadora. Ela tinha acabado de completar 15 anos. Isso impressionou todos ao seu redor. Para Taylor, era ótimo ter dois empregos – na RCA e na Sony. Mas onde estava o álbum? Ela já tinha 15 anos. LeAnn gravou um álbum aos 13 anos. Era isso que Taylor queria: gravar um álbum. A família Swift mudou-se para Hendersonville, Tennessee, um subúrbio de Nashville, para ajudar Taylor a realizar seu sonho.

Algumas semanas antes de se mudarem para Nashville, a família Swift fez uma última visita à pessoa que deu a primeira oportunidade a Taylor: a lenda da música country

Pat Garrett. Ele estava em seu escritório assinando cheques quando todos os quatro membros da família entraram na sala. "Meu Deus, vieram todos!", disse Pat sorrindo. "A que devo essa surpresa tão agradável?"

"Bem", disse Scott. "Nós apenas queríamos que você soubesse que estamos indo embora."

"Ah, isso é bom", comentou Pat. "Para onde estão indo?"

"Para Nashville", Scott respondeu.

"Oh, é um ótimo lugar para passar as férias!", disse Pat. "Vocês vão ficar por quanto tempo?"

"Pelo resto de nossas vidas", respondeu Scott.

"O quê?!", disse Pat.

"É isso que você me aconselhou a fazer!", disse Scott.

Pat coçou a cabeça. "Bem, sim, eu realmente falei isso, mas não esperava que você fosse dar ouvidos! Ninguém faz isso!"

Todos eles riram.

Antes de partirem, Dan Dymtrow arranjou alguns trabalhos em Nashville para Taylor e conseguiu uma proposta para ela se tornar garota-propaganda de uma linha de roupas casual da marca Abercrombie & Fitch, chamada *Rising Star*. Taylor era uma estrela em ascensão em Nashville, e eles queriam associá-la à sua linha de roupas. Sua foto seria estampada em um anúncio na página 19 da *Vanity Fair*.

"O que você acha?", Dan perguntou. "Você vai aceitar?"

"Eu não sou tão legal assim", respondeu Taylor. "Quero dizer, é para a Abercrombie & Fitch!"

"Eu achei que você quisesse aparecer", disse Andrea.

Taylor pensou um pouco e depois sorriu. "Eu aceito."

Taylor matriculou-se na Hendersonville High School e começou o nono ano. Era uma experiência totalmente diferente da que tinha tido no ensino fundamental II em Wyomissing. A cidade de Nashville era a capital mundial da música, e as escolas de lá eram todas direcionadas à indústria musical. Para Taylor, era sua primeira experiência escolar feliz. Ela entraria no ensino médio e trabalhava para a Sony Records.

Em seu primeiro dia na escola, ela conheceu uma garota na aula de inglês. "Oi", Taylor lhe disse quando ela se sentou na carteira atrás dela.

"Oi, prazer em conhecê-la", respondeu Abigail em um sotaque perfeito de Minnesota.

Taylor ficou surpresa. "Você é de Minnesota?"

"*Napoleon Dynamite*", Abigail respondeu balançando a cabeça.

Taylor gritou de animação e toda a classe parou por um momento, mas logo os alunos voltaram às suas atividades.

"Eu *amo Napoleon Dynamite*", Taylor sussurrou, também com um sotaque perfeito de Minnesota.

"Está no meu coração", Abigail sussurrou dando uma piscada.

"No meu também!", disse Taylor. "Você também é diferente?"

"Claro! Ei, falando sobre coração, como está a sua vida amorosa?"

Taylor deu risada. "*Qual* vida amorosa?", ela respondeu.

"Entendo", disse Abigail. "A minha também está uma droga."

Foi quando Taylor viu um garoto na fileira seguinte. "Então...", ela disse reticente.

"Brandon Borello", disse Abigail. "Jogador."

As duas garotas deram risada. Abigail virou-se e estendeu a mão. "Abigail Anderson", ela se apresentou.

Taylor apertou sua mão. "Taylor Swift."

"Ótimo nome", Abigail respondeu. "Senhoras e senhores, Taylor Swift!", ela disse um pouco alto demais e algumas pessoas da sala deram risada.

"Será assim, cara", disse Taylor com sua voz normal.

"Certo, mas com um sotaque de Minnesota, por favor", repreendeu Abigail.

"Ahhh, desculpeee", respondeu Taylor com seu sotaque de Minnesota.

Taylor pegou seu telefone e cantou uma breve melodia nele, depois o desligou assim que a professora entrou na sala.

"Minha nossa, você é cantora, né? Pensei que fosse modelo", Abigail comentou.

"Escritora", disse Taylor. "Escrevo e canto histórias. E você?"

"Nadadora campeã", respondeu Abigail.

"Oh, isso é demais!", disse Taylor.

"Um dia", Abigail terminou de dizer.

Taylor deu risada. Essa foi a primeira vez que ela riu na escola. Ela gostou dessa garota.

22

Taylor e Abigail conversaram assim por um ano e se tornaram inseparáveis. Taylor finalmente conheceu Brandon e descobriu que eles tinham uma coisa em comum – os dois gostavam de Tim McGraw. Esse foi o começo de um lindo relacionamento. Porém, Brandon a traiu naquele ano e eles acabaram terminando.

Taylor lidou com a dor da separação dedicando-se a seu trabalho na Sony. Todos os dias após a aula, Andrea a esperava do lado de fora da escola e a levava para seu trabalho como compositora na Sony. Taylor tinha a sua própria sala e trabalhava com outros compositores. Às vezes, ela até misturava as letras e melodias deles com as suas. Mas nem sempre. Os compositores mais velhos e mais estabelecidos eram educados, mas viam Taylor como uma criança.

Um dia, Andrea deixou Taylor em seu escritório depois da aula e Taylor subiu as escadas até o segundo andar, pulando os degraus de dois em dois. Ela passou pelos escritórios de Troy Verges e de Brett Beavers, passou pelos

Warren Brothers e por Liz Rose e foi para a sua sala. Ela era pequena e tinha um violão e um piano, além de uma janela com vista para a rua. Ela se sentou em uma cadeira e respirou fundo. "É aqui que devo ficar inspirada?"

Liz Rose espreitou na porta. "Eu a ouvi cantando ontem. Foi muito bom", ela falou.

"Obrigada", Taylor respondeu.

"Talvez possamos trabalhar juntas alguma hora", disse Liz.

"Você seria a única", respondeu Taylor. "Ninguém aqui quer fazer isso. Minhas composições e minha música não importam. Eles só se preocupam com a minha idade. Não é justo."

"Eu sei, querida", Liz disse com sua fala arrastada característica do Texas. "A vida *não* é justa. Mas eu vou te contar uma coisa. Eu faço assim quando colaboro com outros compositores: entro em sua mente e faço com que eles contem tudo sobre si", ela disse piscando. Liz gostava dela. Essa garota escrevia com uma vulnerabilidade sincera, mas ela também era forte. Além disso, ela tinha a voz da juventude, algo que Liz desejava agora que já tinha mais de 30 anos.

"Vamos tentar fazer algo juntas", disse Taylor. Liz era honesta e não cheia de rodeios como os outros.

"Essa foi a sua melhor decisão desde que entrou aqui", Liz a censurou e as duas começaram a rir.

"Certo, vamos supor que iremos conseguir criar algo bom. Como vamos fazer?"

Liz sorriu e subiu a persiana da janela. Atrás do prédio havia um pequeno anexo. "Ali fica o melhor produtor de música country da cidade. Esse é o chamado Pain in the Art Studio."

Taylor sorriu e olhou. Era um anexo, mas tinha fios elétricos e de telefone ligados a ele. "Sério?"

"Nathan Chapman. Ali ele tem tudo de que precisamos. Ele vai editar as canções, não se preocupe."

Naquele momento, Nathan Chapman saiu do anexo e se esticou. Ele era alto, tinha um cabelo fino e ruivo e seu sorriso era cativante. Ele olhou para cima, viu Taylor observando-o e acenou. Envergonhada, ela deixou a persiana cair. "Ai, meu Deus, eu acho que ele me viu olhando para ele."

"Ele já sabe quem você é, querida. Está esperando entregarmos algum material para ele", disse Liz, lembrando-se de uma coisa. "Nossa! Eu quase me esqueci! Vá até o Bluebird Café", ela falou. "Às terças-feiras, tem a noite livre para apresentações. Eles vão colocá-la na programação e você poderá cantar algumas músicas. Você é alta e bonita o suficiente para entrar. Vou tentar levar algumas pessoas importantes para ouvirem você cantar. Nunca se sabe."

"O Bluebird", disse Taylor, recordando a primeira vez em que o viu. Parecia uma eternidade. Ela tinha prometido a si mesma que tocaria lá um dia. "Você está dizendo que eu posso me apresentar lá?"

"É claro que sim", respondeu Liz.

Taylor estava nas nuvens quando chegou em casa naquela noite. Mas havia uma ligação aguardando-a. Era da RCA. Andrea lhe entregou o telefone.

Taylor escutou por um momento. "Mas e o meu contrato de gravação?", ela perguntou.

Andrea percebeu o tom de desapontamento em sua voz.

"Certo, obrigada", Taylor finalmente respondeu de maneira educada, desligando o telefone. Ela se virou e olhou para sua mãe, secando as lágrimas.

"O que eles disseram?", Andrea perguntou e se aproximou de sua filha, consolando-a.

"Eles querem me colocar na geladeira por mais um ano em vez de me deixarem gravar", suspirou Taylor. "Então, eles vão ver o que vai acontecer depois disso. Eles acham que sou jovem demais para gravar um disco."

"O quê?!", Andrea ficou com raiva ao ver sua filha desapontada.

"Vá e volte quando tiver 18 anos", Taylor continuou. "É isso o que eles *disseram*." Ela se sentia triste. Tinha enviado várias músicas para eles e não tinha recebido uma chance.

"Oh, querida, eu sinto muito", disse Andrea. "O que você quer fazer?"

"Ligue para Dan e diga que estou desistindo", disse Taylor.

"Calma, espere um minuto, querida. A RCA é um grande selo musical", contestou Andrea.

"Eles não sabem o quanto sou boa", ela respondeu. "Vou ficar na Sony e continuar a trabalhar compondo canções, porque é divertido. Mas a RCA não vai produzir o meu álbum. Eles só querem me colocar na geladeira e me impedir de gravá-lo com outra pessoa. Isso não é justo. Eu quero encontrar outra pessoa. Alguém que acredite em mim tanto quanto eu acredito", ela falou, virando-se, saiu irritada e subiu as escadas para seu quarto rapidamente.

23

Taylor ficou olhando para o toldo azul por uma eternidade antes de sua mãe começar a falar. "Bem, eu tenho que admitir", disse Andrea, finalmente quebrando o silêncio. "Você realmente previu isso." Elas estavam procurando a entrada do Bluebird Café, do outro lado do estacionamento de um shopping na Hillsboro Pike, em Nashville. Tinha uma pequena rampa que levava até a porta da frente, e Taylor pensou que ela parecia o tapete vermelho do Grammy, mesmo não sendo vermelha.

Taylor olhou para sua mãe e sorriu. "Pat estava certo. Existem apenas duas razões para eu estar aqui. Eu e você." Ela a abraçou e depois abriu a porta do carro, pegou o estojo de seu violão no banco de trás e saiu. Andrea desceu pelo outro lado, e ela e Taylor cruzaram a estrada e entraram no Bluebird Café.

Tinha uma longa fila de pessoas esperando para entrar, mas Liz Rose estava aguardando na porta e permitiu que elas entrassem imediatamente. O lugar era repleto de luzes, ventiladores de teto e mesas, com um bar ao fundo. As paredes eram repletas de fotografias de pessoas importantes de Nashville. Do lado direito, ao entrar, tinha um pequeno palco com uma bateria e alguns microfones.

O lugar ficou rapidamente lotado de pessoas e Taylor logo foi chamada para se apresentar. "Senhoras e senhores, uma salva de palmas para uma garota nova na cidade, que compõe músicas com o pessoal da Sony – Taylor Swift!"

Taylor verificou rapidamente a afinação de seu violão. Enquanto o público em sua capacidade máxima aplaudia, ela cruzou o salão, subiu no palco e foi para trás do microfone. Dan tinha lhe dito que o lugar ficava lotado de pessoas importantes das gravadoras, e isso a deixou nervosa. Mas ela sabia que a melhor maneira de se acalmar era começando a tocar. "Esta é a primeira vez que estou tocando no Bluebird", ela disse com frieza. Taylor abriu a apresentação com uma composição própria, "Writing Songs About You", e conquistou o público desde o primeiro compasso.

Ela fez uma apresentação acústica rápida com suas próprias composições e, enquanto tocava, tinha um rapaz de cabelo comprido sentado na plateia que não conseguia tirar os olhos dela enquanto ele rabiscava em um bloco de anotações.

Quando ela terminou de cantar e saiu do palco, o homem de cabelo comprido ficou de pé, correu em direção a ela e bloqueou sua passagem. Ele sabia que tinha apenas alguns segundos para fazer sua tentativa, e então falou rapidamente. "Taylor, tem um monte de pessoas importantes aqui esta noite, inclusive eu, mas só queria te dizer que acredito que sei o que você está buscando e posso fazer esse sonho se tornar realidade." Ele lhe entregou um cartão de visitas. Ela leu enquanto ele se apresentava. "Eu me chamo Scott Borchetta. Trabalhei na UMG, estou começando uma nova gravadora e quero contratá-la. Sei tudo sobre você e a RCA. Eu fiz uma pesquisa. Sei que você está descontente e posso mudar isso. Vou produzir o seu primeiro álbum. Podemos conversar?"

Taylor nem mesmo teve tempo de colocar sua palheta entre as cordas do violão. Ela olhou em volta e encontrou sua mãe e seu pai em uma mesa perto dos fundos. "Claro", ela respondeu, tentando permanecer calma. Taylor gostou de sua honestidade. "Siga-me." Ela foi passando entre as mesas e encontrou seus pais. Andrea e Scott ficaram de pé e a abraçaram. "Este é Scott Borchetta", disse Taylor, lendo o cartão de visitas que ele lhe entregou enquanto se sentava entre seu pai e sua mãe. "Ele estava trabalhando na UMG e agora está começando uma nova gravadora."

"Sente-se, Scott", Andrea disse indicando-lhe uma cadeira e ele se sentou. "O que você tem em mente?"

"Bem, eu tenho uma boa e uma má notícia", Borchetta disse com calma e se virou em direção a Taylor. "A boa notícia é que eu quero assinar um contrato de gravação com você."

"E a má notícia?", perguntou Andrea.

"A má notícia é que não estou mais na Universal Music Group Records", ele respondeu.

"Então, qual é o motivo de nossa conversa?", perguntou Andrea. "Você quer assinar um contrato de gravação com minha filha sem ter uma gravadora?"

"Olhe, estou nessa área há algum tempo. Cresci nos negócios, meu pai era um grande produtor musical da Costa Oeste e eu trabalhei em algumas gravadoras, incluindo a MTM Records e a MCA Records, além de ter ajudado a lançar a Dream Works Nashville. Eu sei como fazer isso."

"Certo", comentou Taylor. "Qual é o seu plano?"

"Sei que isso parece injusto porque você não me conhece, mas quero que você me espere. Eu estou trabalhando em algo grande. Fiz muitas pesquisas sobre você, Taylor, e acredito que desejará fazer parte disso."

Ele olhou para todos e continuou a falar. "Eu tenho um plano de negócios e muito interesse da indústria musical. O material de Taylor remete a um público que o universo country e pop tem ignorado: as adolescentes. E suas mães."

Taylor ficou animada.

Borchetta sorriu. "Primeiramente, total controle de criação. Se você quiser que seu primeiro álbum tenha apenas composições próprias, assim será", ele afirmou.

Atrás deles, Liz Rose assumiu a palco e deu início à sua apresentação, cantando e tocando suas composições próprias.

"Você está vendo aquela mulher ali?"

"Sim", respondeu Borchetta. "Aquela é a compositora Liz Rose. Ela trabalha na Sony. Você a conhece?"

"Ela é a razão de eu estar aqui. Estamos trabalhando juntas. Ela está me ensinando a aperfeiçoar minhas canções – e acho que está funcionando. Eu quero poder usar nossas canções."

Borchetta abriu um sorriso. "Como quiser."

Taylor observou o olhar de seu pai e sua mãe e viu que eles estavam esperando ela dar uma resposta. Era exatamente o que ela queria. Independência. E Scott Borchetta estava prometendo isso. Ela sorriu para ele e estendeu a mão. "Certo, Scott Borchetta. Eu vou esperá-lo."

"Obrigado!", ele disse, apertando sua mão e depois olhando para Andrea e Scott Swift. "Vocês também precisam estar de acordo."

Scott Swift sorriu. "A minha filha tem um ótimo instinto e ela também sabe como julgar um caráter. Dê continuidade à sua gravadora. Porém, não demore muito, senão não estaremos disponíveis quando você nos procurar."

"Obrigado!", Borchetta respondeu entusiasmado.

"Como irá se chamar a sua nova gravadora?", perguntou Scott Swift. "Eu quero ver o seu plano de negócios. Eu posso me interessar em comprar uma participação nela."

"Big Machine Records", Borchetta respondeu.

24

Em 1º de setembro de 2005, Dia do Trabalho nos Estados Unidos, Scott Borchetta manteve sua palavra e criou a Big Machine Records. Ele se estabeleceu no Music Row, no centro de Nashville, Tennessee. Por conta de seus laços estreitos com a Universal Music Group, a UMG assinou um contrato de distribuição de todo o material da Big Machine Records, com os direitos de publicação indo para a Sony/ATV. Taylor estaria entre os primeiros artistas lançados pela gravadora e eles iriam produzir seu álbum de estreia. Ela tinha 15 anos.

Scott Borchetta estava em sua mesa e olhou quando Taylor entrou na sala com seu violão debaixo do braço. "Quero tocar uma música para você", ela falou. "Liz me ajudou com esta."

"Vamos ouvi-la", Borchetta respondeu e indicou que ela se sentasse na cadeira em frente à sua mesa.

Ela se sentou e tocou "Tim McGraw". Quando ela terminou de cantar, os olhos de Scott Borchetta estavam lacrimejando.

"Tay, você nunca para de me surpreender. De onde é que veio essa música?"

Taylor deu de ombros. "De dentro de mim. Eu pensei nela durante a aula de matemática", ela respondeu e Borchetta deu risada. "É sobre eu e o Brandon, aquele cara de quem eu gostava quando era menina. Nós não tínhamos uma música, então essa é uma música sobre termos uma música."

Borchetta riu novamente. "Não é a vida como ela é, mas a vida como ela deveria ser", ele comentou.

Taylor riu. "Eu cantei essa música no show de talentos do ano passado na escola e a galera adorou. Liz me ajudou a aperfeiçoá-la", ela falou.

"Para mim, tem cara de single. Estou feliz que esteja aqui. Algumas pessoas estão vindo para uma reunião."

Ouviu-se uma batida na porta. "Podem entrar!", Borchetta gritou. A porta se abriu e dois homens entraram. Nathan Chapman ostentava uma barba ruiva, um boné do New York Yankees e óculos de aviador. "Tay, você já conhece Nathan Chapman. Você pediu e ele veio. Ele concordou em ajudar a produzir seu álbum. Ele é o melhor produtor de música country, mas acredito que você já saiba disso, pois foi sua ideia trazê-lo aqui."

"Estou tão feliz por você ter aceitado participar!", disse Taylor abraçando Nathan.

"E este é o seu novo empresário", Borchetta falou e o outro homem foi até Taylor e apertou sua mão.

"Rick Barker", ele disse, apresentando-se.

"Dan concordou com o fato de eu ter um novo empresário?", Taylor sussurrou para Scott Borchetta.

"Ele está bem. Sabe do trato. Nós mantemos o gerenciamento interno."

"Certo", disse Taylor, mas Barker percebeu o tom de incerteza em sua voz.

"Olha, eu sei que você acabou de me conhecer e não sabe nada sobre mim, mas tenho uma pergunta. Você quer vender 500 mil cópias do seu álbum?", Barker perguntou a ela.

"Claro que sim!"

"Então, você tem que ser conhecida por 500 mil pessoas", Barker respondeu.

Taylor ficou pensando nisso por um longo momento. "Nunca pensei nisso dessa forma", disse Taylor. "Mas faz sentido. A maioria dos artistas vende discos e conquista fãs. Você quer dizer que vamos conquistar alguns fãs e então eles irão comprar os meus discos?"

"É exatamente isso o que estou dizendo", Barker comentou.

"Certo, Rick. Mas onde você vai encontrar 500 mil fãs para mim?", perguntou Taylor.

"Temos grandes planos. Primeiro, vamos conquistar esses fãs colocando sua música para tocar no rádio. Iremos começar pela Califórnia. Vamos para San Diego e em direção ao norte. Vou apresentá-la para todos os diretores e personalidades das rádios de música country de San Diego a Eureka. Iremos entregar a eles a sua nova demo, e eles vão ver seu lindo rosto sorrindo e sua genialidade criativa.

Eles vão adorar você e a sua música. E, quando formos embora, eles vão começar a falar sobre você", disse Barker. "E, quando todo mundo estiver falando sobre você e o público escutar algumas músicas novas originais, eles vão começar a pedir mais. Então, daremos a eles um presente: o seu primeiro álbum."

Taylor sorriu. "Vamos fazer isso!"

Quando as férias de verão chegaram, Rick Barker dirigiu e Taylor o acompanhou no banco do passageiro de seu utilitário esportivo Suburban vermelho. Andrea ficou no banco de trás indicando o caminho. Eles dirigiram até San Diego e praticamente viveram naquele carro por semanas, indo até as estações de rádio e entregando centenas de demos. Quando eles retornaram, Taylor foi para o estúdio com Liz, Nathan e Borchetta para gravar seu primeiro álbum. Em 19 de junho de 2006, o primeiro single foi lançado: "Tim McGraw".

Durante os meses em que passaram no estúdio, Taylor reservou um tempo para fazer aulas de direção e, após muitas tentativas fracassadas, finalmente passou em seu exame para obter a carteira de motorista. Uma semana depois, enquanto dirigia para sua casa em Hendersonville com Abigail Anderson sentada no banco do passageiro, o rádio estava tocando alto e uma garota ligou para a estação de rádio.

"Eu quero ouvir aquela música do Tim McGraw", ela pediu.

"Existem várias músicas do Tim McGraw, minha querida. Qual é a que você quer?", o DJ da rádio perguntou.

"Aquela da Taylor Swift", a garota respondeu.

Taylor e Abigail deram um grito.

E Taylor quase saiu estrada.

Pat Garrett escutou no rádio na Pensilvânia e buzinou, abaixou o vidro de sua janela e gritou: "É isso aí!", enquanto dirigia pela estrada no campo em direção a seu anfiteatro. Todo mundo achou que ele estivesse maluco, mas ele não se importou. Ele sabia identificar uma boa música quando a escutava.

O single "Tim McGraw" chegou à 40ª posição da *Billboard Hot 100* e à sexta posição da lista americana *Billboard Hot Country Songs*.

Pouco antes de seu álbum ser lançado em outubro de 2006, Taylor fez um pedido a Scott Borchetta, Nathan Chapman e Rick Barker.

"Vocês já ouviram falar no MySpace?", Taylor perguntou.

"Sim, é aquela novidade... mídia social", disse Barker.

"As adolescentes entram nesse site", disse Taylor. "Posso criar uma página e colocar algumas canções?"

Barker olhou para Borchetta e nenhum deles discordou. "Eu gosto da maneira como você pensa", comentou Barker.

O primeiro álbum de Taylor, intitulado *Taylor Swift*, foi lançado em 24 de outubro de 2006. Ele teve cinco singles de sucesso e lançou sua carreira nos Estados Unidos. Tornou-se um dos 12 álbuns que mais tempo permaneceram na parada de sucesso, em toda a sua história de 57 anos, vendendo mais de 6 milhões de cópias.

Apesar de Rick Barker ter apresentado Taylor a 500 mil fãs, com o lançamento de sua página no MySpace ela dobrou esse número.

Ela começou sua primeira turnê nos Estados Unidos para promover o álbum e todas as noites, após as apresentações, ficava para atender seus fãs. Para ela, isso era mais importante do que tudo. Quando o sol nascia no dia seguinte, ainda tinha uma fila de adolescentes esperando por um autógrafo e um abraço. Taylor aprendeu essa lição com LeAnn Rimes, que apertou sua mão em seu primeiro show.

25

A ligação de Sway Calloway, rapper e produtor da MTV, foi recebida em março, no meio da turnê de Taylor em 2007 para promover seu primeiro álbum, *Taylor Swift*. Ela estava abrindo o show de muitas estrelas da música country, como Rascal Flatts, Kenny Chesney, Brad Paisley e George Strait. Taylor e sua melhor amiga, Abigail, estavam no estúdio onde Taylor trabalhava em seu álbum seguinte quando ela recebeu a ligação da MTV.

"Estúdio A", ela disse atendendo ao telefone.

"Taylor, como vai? Aqui é Sway, da MTV", o produtor respondeu.

"Oi, como você está?"

"Estou ligando para contar que planejei algo realmente especial para você."

"Sério?"

"Eu sei que você perdeu o seu baile de formatura do ensino médio no ano passado porque estava em turnê, mas eu não vou permitir que isso aconteça novamente este ano. Estamos na temporada de bailes de formatura, gata! Como você está na estrada de novo este ano, eu encontrei uma escola perto de uma das paradas de sua turnê com um monte de caras solteiros do sul que adorariam levá-la ao baile!"

Taylor ficou espantada e olhou para Abigail.

"Você está interessada em proporcionar a um desses garotos a maior surpresa da vida dele?", Sway perguntou.

"Pare de brincar", disse Taylor. "Você está falando sério?"

"Eu encontrei um monte de caras na Hillcrest High, em Tuscaloosa, Alabama, que acho que poderiam ser um ótimo par para você."

Taylor olhou para Abigail e balbuciou: "Ai, meu Deus...".

"Nós não vamos contar para eles quem será a garota, mas, cara, você é realmente a escolha perfeita deles para um encontro dos sonhos. Vou mandar um vídeo desses caras."

Taylor abriu um grande sorriso. "Eu mal posso esperar para assisti-lo", ela falou para Sway e depois se despediu e desligou.

O engenheiro de som do estúdio, que ouviu toda a conversa, sorriu. "Está feliz?", ele perguntou para ela.

Taylor não conseguia parar de rir. "Eufórica", ela respondeu e se virou para Abigail com um sorriso no rosto. "Eu finalmente vou ao baile de formatura!"

Abigail comemorou: "Até que enfim! Que demais!".

Em março, Andrea entrou rapidamente na sala de estar segurando algo enquanto Taylor e Abigail estavam assistindo à televisão. "Taylor, chegou", ela disse, segurando um DVD. "O seu futuro par para o baile." Era um DVD com todos os garotos da Hillcrest High que não tinham um par para o baile de formatura. Quando eles gravaram o vídeo de inscrição, não tinham ideia de quem seria seu par se tivessem a sorte de ser escolhidos. Todos eles tinham que falar um pouco sobre si e descrever quem eles esperavam que fosse seu par. Beyoncé, Jordin Sparks e Carrie Underwood foram mencionadas.

"Eles têm um bom gosto para mulheres", disse Taylor.

"Eu não tenho um par", um garoto foi até a câmera e disse.

"Eu não tenho dinheiro para comprar o convite", falou outro garoto.

"Esse é um bom motivo", Taylor respondeu olhando para a televisão.

"Eu nunca tive uma namorada", outro garoto comentou. "Sou nerd."

"Oooh, esse ganha alguns pontos", Taylor falou para Abigail.

Então, um garoto chamado Whit Wright apareceu e, quando perguntaram quem ele esperava que fosse seu par, ele não hesitou. "Por favor, quero que seja a Taylor Swift", ele pediu.

O coração de Taylor se derreteu quando ela o viu em sua grande tela de televisão.

"Eu acabei de me mudar para este colégio e não conheço ninguém", disse Whit.

"É tão complicado se mudar no último ano", disse Taylor, que percorreu o país em turnê durante todo o seu último ano.

"Eu queria levar alguém", Whit continuou, "mas eu não consegui encontrar uma garota especial para levar".

Depois de ver a apresentação de todos os garotos no vídeo, era a hora de tomar a difícil decisão. Taylor gostou de todos, então ela e Abigail escreveram o nome deles em pedaços de papel que foram dobrados, colocados em uma cartola preta e misturados. Taylor colocou a mão na cartola e pegou um dos papéis. Quando ela o desdobrou e leu o nome do garoto, abriu um grande sorriso.

"Incrível!", ela falou, mostrando o pedaço de papel para Abigail.

"Foi coisa do destino", Abigail concordou.

Quando o sr. Hyche, diretor da Hillcrest High, chamou o nome de Whit, anunciando-o como vencedor do concurso da MTV para encontrar um par para o baile, Whit achou que iria desmaiar. O sr. Hyche fez isso no ginásio, na frente de todas as outras turmas. Quando Whit caminhou até o diretor, todo mundo aplaudiu e ele se tornou instantaneamente o garoto mais popular de sua escola. "Eu sou o cara mais sortudo deste mundo agora", ele falou. "Nossa, eu estou tão empolgado!" Ele não conseguiu se concentrar na sala de aula. Passou o restante do tempo imaginando como seria a noite de sábado. Whit também não se saiu bem na aula de beisebol. Ele era o interbases titular e os campeonatos estavam chegando.

O número de seu uniforme era 9.

Em sua casa em Nashville, Taylor olhou atentamente para os vestidos de baile nos cabides, pendurados em uma porta grande que separava a sala de estar em dois ambientes. Ela nunca teve dificuldade em escolher um vestido para outras ocasiões, mas esse momento era único. Era para uma ocasião que ela não tinha vivido ainda: o baile de formatura. E não era para ela, era tudo para Whit. "Escolher um vestido para o baile de formatura é muito importante", ela falou para Abigail indo de um vestido branco para um amarelo e depois para um azul. Ela conferiu mais de perto o vestido azul em camadas.

"Eu adoro essa cor", disse Abigail. "É como um vestido da Cinderela."

"Eu nunca fico bem nesse visual em camadas, então vou dispensar esse", ela falou.

"Ele é o meu preferido", disse Abigail.

Taylor ouviu isso e parou. "É o seu preferido?", ela perguntou.

"Sim", Abigail respondeu. Ela pegou o vestido e passou as alças em volta do pescoço, deixando-o pendurado na sua frente. "Eu o usaria assim", ela disse e as duas sorriram.

"Ei, se você gostou tanto dele, por que não o usa?", perguntou Taylor.

"Você quer dizer lá fora?", Abigail perguntou.

"Não, estou falando para você vesti-lo e ir comigo para o baile de formatura!"

"Ah, eu não sei", Abigail hesitou.

"Ei, escute. Nós somos melhores amigas desde o nono ano. Nunca estivemos em um mesmo baile juntas. Nunca. Você aceita ir ao baile comigo em Alabama?"

"Você está me pedindo para ir com você ao baile?"

"Não como meu par, mas em meu grupo. Existem outros 39 garotos sem um par nessa escola. Nós chegaremos lá e encontraremos um par para você!"

As garotas deram risada.

"Então, nós vamos ao baile juntas...?", perguntou Abigail.

"SIM!!!"

Depois de muita discussão, Taylor finalmente escolheu um vestido elegante na cor creme. Abi iria vestir o azul.

Na tarde do sábado, antes do baile de formatura da turma de 2008 do Hillcrest High, Taylor e Abigail viajaram de Nashville para Tuscaloosa, Alabama, e apareceram na casa de Whit no grande ônibus branco da turnê de Taylor.

Whit estava no quintal da frente, esperando ansiosamente pela chegada de seu par. Ele vestia um terno preto, com colete e gravata rosa, e segurava um buquê de flores, imaginando para quem ele o entregaria. Abigail saiu do ônibus primeiro e deixou Whit acreditando que seu par tinha chegado. Então, quando Taylor saiu, ele quase desmaiou. Era o seu sonho se tornando realidade. Ele pediu que fosse ela. Elas entraram na casa e conheceram a família dele. Depois, saíram de ônibus para a primeira parada do dia: o *Bama Belle*, um barco completo com rodas de pás. Eles fizeram um passeio tranquilo pelo rio Black Warrior e desfrutaram de uma verdadeira refeição do sul.

"Isso é muito, muito bom", Taylor disse, enquanto comia seu último pedaço de frango frito. "Eu já volto." Ela se levantou e foi até a mesa para encher seu prato novamente.

"Você é o meu tipo de garota!", Whit disse enquanto ela voltava para o compartimento deles segurando o prato. Do lado de fora da janela, era possível observar a paisagem do maior rio de Tuscaloosa.

"Então, quem são os seus melhores amigos?", ela perguntou.

"Wayne provavelmente é o meu melhor amigo", Whit respondeu sem ter certeza do que ela pretendia fazer.

"Ele já tem um par?"

Whit percebeu o que estava acontecendo e gritou do outro lado do barco para seu amigo Wayne, que se aproximou. Taylor e Abigail se apresentaram.

"Você não tem um par, certo?", Whit perguntou e ele balançou a cabeça confirmando. "Você gostaria de ir com Abigail?"

Wayne ficou impressionado.

"Ela é a minha melhor amiga. Eu a trouxe comigo e adoraríamos que você fosse com ela", disse Taylor.

"Oh! Oh, e-eu estava procurando um par", respondeu Wayne.

"Você pode se juntar a nós", disse Abigail, oferecendo um lugar para ele se sentar.

"Melhores amigos indo com melhores amigas!", disse Whit.

Depois do jantar, Whit e Taylor, Abigail e Wayne e alguns dos amigos dos garotos pegaram o ônibus da turnê de Taylor para irem até o baile. No caminho, Taylor perguntou a Whit por que ele estava usando colete e gravata rosa.

"É em homenagem à Tia Joan", Whit explicou. "Ela é tão comprometida com o time de beisebol e faz tantas coisas por nós – mas então ela foi diagnosticada com câncer de mama, e eu a amo muito, ela é como a minha segunda mãe. Então, hum, eu estou usando rosa em sua homenagem."

Taylor ficou comovida. "Eu adorei o motivo de você ter escolhido usar rosa", ela falou e se levantou. "Espere um pouco." Ela foi para o fundo do ônibus acompanhada. Quando ela voltou, tinha colocado um lindo vestido rosa. "Nós temos que usar rosa esta noite. Pela Tia Joan", ela falou.

Whit ficou chocado. O que ela fez era inimaginável, e isso a tornou ainda mais amada e admirada por ele.

Posteriormente, Taylor comentou: "Ele fez uma coisa inacreditável e eu queria muito me juntar a ele, me posicionar e poder dizer algo a respeito disso".

O baile de formatura do último ano da Hillcrest High foi como um conto de fadas, não apenas para todos os convidados, mas também para Taylor e Abigail. Taylor dançou com todos os garotos que enviaram o vídeo e não tinham um par, mas ela sempre retornava para Whit. E, quando a noite estava chegando ao fim, ela reservou a última música lenta para dançar com ele. "É um sonho que se tornou realidade", ele sussurrou para ela enquanto dançavam. "É como um conto de fadas."

Taylor estava nas nuvens. Quando tudo acabou e ela e Abigail voltaram para Nashville, elas conversaram. "Foi a primeira vez em três anos que eu consegui sair com pessoas da minha idade", ela falou. "Foi tão divertido!"

Abigail concordou. "Foi a maior diversão que tivemos, tipo, em toda a vida!"

Taylor abraçou sua amiga.

"Whit foi um ótimo rapaz", disse Abigail.

"Realmente", respondeu Taylor. "Nós vamos tocar aqui na turnê e eu com certeza irei visitá-lo!" Então, ela fechou os olhos e sorriu. No dia seguinte, ela voltaria a trabalhar muito, produzindo um novo álbum e apresentando-se em uma turnê. Mas... aquela noite era um conto de fadas. Eles foram escolhidos como o rei e a rainha do baile, e ela se tornou eternamente grata pelo carinho e a amizade de todos.

Este livro foi composto em Minion Pro, corpo 14/16.

Impressão e Acabamento
Expressão e Arte Gráfica e Editora — Rua Soldado Genésio Valentim, 30
— Vila Maria — São Paulo/SP
CEP 02176-050 — Tel.: (011) 3951-5188 — atendimento@expressaoearte.com

Taylor estava nas nuvens. Quando tudo acabou e ela e Abigail voltaram para Nashville, elas conversaram. "Foi a primeira vez em três anos que eu consegui sair com pessoas da minha idade", ela falou. "Foi tão divertido!"

Abigail concordou. "Foi a maior diversão que tivemos, tipo, em toda a vida!"

Taylor abraçou sua amiga.

"Whit foi um ótimo rapaz", disse Abigail.

"Realmente", respondeu Taylor. "Nós vamos tocar aqui na turnê e eu com certeza irei visitá-lo!" Então, ela fechou os olhos e sorriu. No dia seguinte, ela voltaria a trabalhar muito, produzindo um novo álbum e apresentando-se em uma turnê. Mas... aquela noite era um conto de fadas. Eles foram escolhidos como o rei e a rainha do baile, e ela se tornou eternamente grata pelo carinho e a amizade de todos.

Este livro foi composto em Minion Pro, corpo 14/16.

Impressão e Acabamento
Expressão e Arte Gráfica e Editora — Rua Soldado Genésio Valentim, 30
— Vila Maria — São Paulo/SP
CEP 02176-050 — Tel.: (011) 3951-5188 — atendimento@expressaoearte.com